职工法律知识学习手册

实用导图版

八五普法图书中心◎著

中国法制出版社
CHINA LEGAL PUBLISHING HOUSE

U0959309

出版说明

近些年，随着全面依法治国的不断推进，我国的社会主义法治建设发生了历史性的变革，取得了历史性的成就，全民法律意识得到空前的提高。法律所体现的公平与正义深入人心，大家在遇到纠纷、侵权等情形时，能够第一时间把“依法办事”“依法维权”作为指导原则，从而为建设法治大环境增加了人民群众方面的坚实力量。

全面推进依法治国，既要坚持科学立法、严格执法、公正司法，也要坚持全民守法。其中，守法不仅仅是从其字面意思理解的“遵守法律规定”，还是在运用法律的层面上体现的“依法办事”“使用法律维权、解决问题”。可以说，用法才是守法的最高境界。那么，如何才能做到“用法”呢？首先要学法、知法、懂法。

不得不说，随着大家法律意识的提高，各界人士的学法积极性在不断地高涨，积极开展法律学习活动。特别是随着《中华人民共和国民法典》的出台，全民学法达到了空前的高潮。为了迎合这一契机，帮助大家学习、运用法律，我们特别组织编写了一套《法律知识学习手册（实用导图版）》，希望能给大家带来帮助。

在这套书中，各分册的内容设置以读者对象为基础，如干部、公务员、农民、青少年、职工、社区工作者等，专门选取了与其工作和生活贴近的法律知识，进行深入浅出的分析，具有很强的实用性与代入感。特别要指出的是，在每一章节，我们制作了“法律知识思维导图”，能够让读者一目了然，快速学习法律知识。读者朋友可以根据自身需要来进行选购，相信总有一册是与您密切相关的！

最后，我们希望本套书能为全面依法治国大计贡献绵薄之力！希望本套书能成为读者朋友学习法律知识的得力助手！同时，希望读者朋友多提宝贵意见！

目录 / Contents

第一章　劳动合同签订法律知识

第二章　劳动合同解除法律知识

第三章　试用期、服务期法律知识

第四章　工资法律知识

第五章　劳动保护法律知识

第六章　五险一金法律知识

第七章 工作时间、休息休假法律知识

第八章 劳务派遣法律知识

第九章 安全生产与工作纪律法律知识

第十二章　劳动争议解决法律知识

第一章
劳动合同签订法律知识

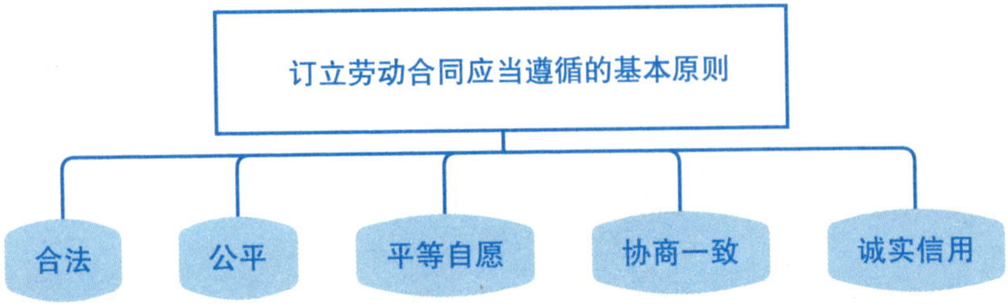
订立劳动合同应当遵循的基本原则
合法
公平
平等自愿
协商一致
诚实信用

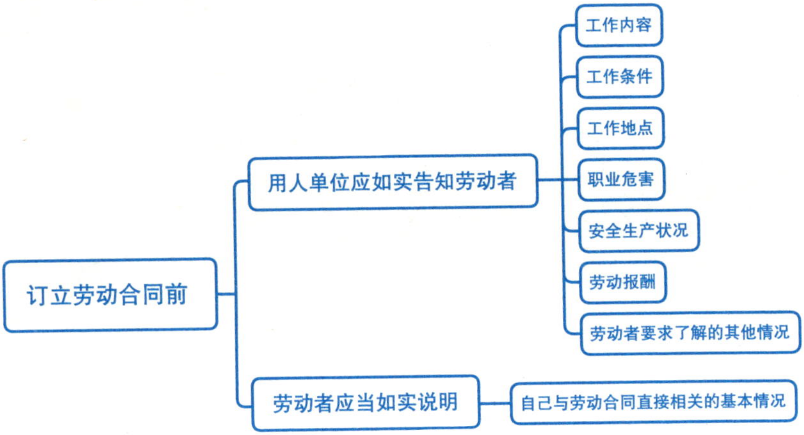
订立劳动合同前
用人单位应如实告知劳动者
工作内容
工作条件
工作地点
职业危害
安全生产状况
劳动报酬
劳动者要求了解的其他情况
劳动者应当如实说明
自己与劳动合同直接相关的基本情况

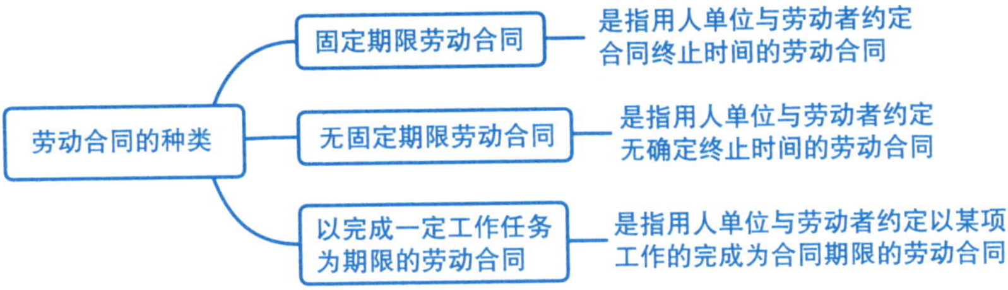
劳动合同的种类
固定期限劳动合同
是指用人单位与劳动者约定合同终止时间的劳动合同
无固定期限劳动合同
是指用人单位与劳动者约定无确定终止时间的劳动合同
以完成一定工作任务为期限的劳动合同
是指用人单位与劳动者约定以某项工作的完成为合同期限的劳动合同

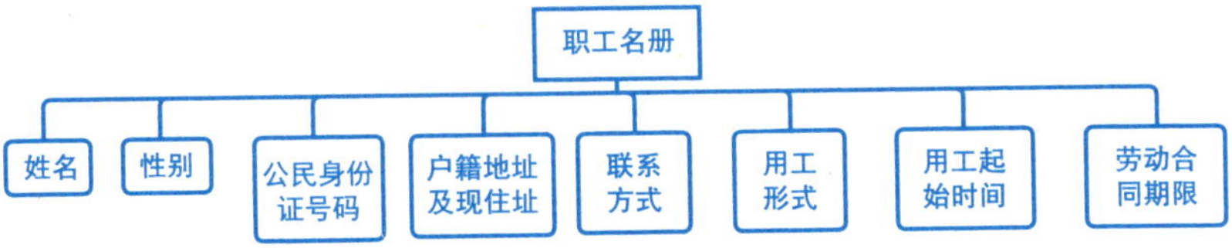
职工名册
姓名
性别
公民身份证号码
户籍地址及现住址
联系方式
用工形式
用工起始时间
劳动合同期限

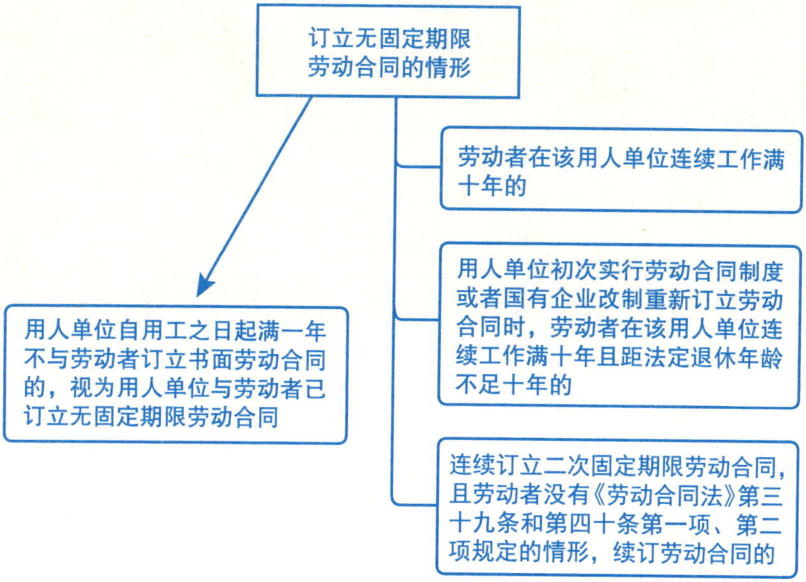
订立无固定期限劳动合同的情形
劳动者在该用人单位连续工作满十年的
用人单位初次实行劳动合同制度或者国有企业改制重新订立劳动合同时，劳动者在该用人单位连续工作满十年且距法定退休年龄不足十年的
连续订立二次固定期限劳动合同，且劳动者没有《劳动合同法》第三十九条和第四十条第一项、第二项规定的情形，续订劳动合同的
用人单位自用工之日起满一年不与劳动者订立书面劳动合同的，视为用人单位与劳动者已订立无固定期限劳动合同

劳动合同的内容
用人单位的名称、住所和法定代表人或者主要负责人
劳动者的姓名、住址和居民身份证或者其他有效身份证件号码
劳动合同期限
工作内容和工作地点
工作时间和休息休假
劳动报酬
社会保险
劳动保护、劳动条件和职业危害防护
法律、法规规定应当纳入劳动合同的其他事项
劳动双方还可以约定试用期、培训、保守秘密、补充保险和福利待遇等其他事项

1. 用人单位能否向员工收取培训费？

◆ 案例分析

某超市新开张，需在县城招收一批理货员和收银员。小李正好高中毕业后一直没工作，于是报了名。几天后结果出来了，小李被录用，但签订合同时，工作人员要求小李交800元培训费，称这是对其进行岗前培训的费用。还没工作就得交这么多钱，小李心里直犯嘀咕，但考虑到自己确实需要这份工作，且工资待遇都不错，于是乖乖交了钱。事后，朋友听说此事，称超市无权索要培训费，小李可以不给他们。那么，小李朋友的说法正确吗？用人单位能否向员工收取培训费？

我国《劳动法》第六十八条第一款规定："用人单位应当建立职业培训制度，按照国家规定提取和使用职业培训经费，根据本单位实际，有计划地对劳动者进行职业培训。"由此可知，给员工提供职业培训是用人单位的义务，其费用理应由用人单位支付，不能将培训费作为额外的费用要求员工自己承担。根据《劳动部①关于严禁用人单位录用职工非法收费的通知》第二条和第三条的规定，用人单位不得在招工条件中规定个人缴费内容，劳动行政部门要加强对用人单位录用职工行为的监督检查，对用人单位在录用职工时非法向劳动者个人收取费用的，应责令用人单位退还劳动者。本案

① 现为人力资源和社会保障部。

中，该超市要求小李缴纳800元的培训费是没有法律依据的，小李可以不缴纳。此外，该超市还不得以别的名目向劳动者收取费用，如集资、风险基金、抵押金、保证金等，更不能把缴费作为录用的前提条件，非法向劳动者收取费用。

◆ 法律条文

《中华人民共和国劳动法》

第六十八条　用人单位应当建立职业培训制度，按照国家规定提取和使用职业培训经费，根据本单位实际，有计划地对劳动者进行职业培训。

从事技术工种的劳动者，上岗前必须经过培训。

《劳动部①关于严禁用人单位录用职工非法收费的通知》

二、用人单位不得在招工条件中规定个人缴费内容，劳动行政部门要加强对用人单位招工启事、简章的审查，对违反规定的，应给予警告，并责令其改正。

三、劳动行政部门要加强对用人单位录用职工行为的监督检查。对用人单位在录用职工时非法向劳动者个人收取费用的，应责令用人单位立即退还劳动者；对用人单位招工后不能向职工提供正常工作岗位或不能保障职工其他各项劳动权利的，应依法予以纠正；给劳动者造成经济损失的，应责令其赔偿。因此而发生的劳动争议，当事人有权向劳动争议仲裁委员会申请仲裁。

---

① 现为人力资源和社会保障部。

深度解析

接受必要的职业培训不仅是劳动者的一项法定权利，而且是用人单位的一项法定义务。我国法律明确规定了用人单位有责任和义务对员工进行职业培训。事实上，用人单位有计划地对员工进行培训不仅有利于提高员工的工作能力，而且有利于企业的长足发展。为了更好地保护劳动者参加职业培训的权利，保护劳动者的财产权利不受侵害，创造良好的招工就业环境，我国严禁用人单位以任何理由在招工条件中规定个人缴费内容。

2. 劳动者如何证明双方劳动关系的存在？

◆ 案例分析

不久前，正在北京找工作的大学毕业生小文遇到一位老板，这位老板自称是一家新公司的老总，正在广泛招纳人才。该老板称，选择一家成熟的公司，没有太大的发展空间，而选择一家潜力大的新公司，则有机会成为公司的顶梁柱。小文听得晕晕乎乎的，觉得老板说得很有道理，于是决定一试，便到公司上班了。几个月后，小文发觉公司并不像老板说得那么好，而且从经理到员工，从硬件到软件，都没有新公司的优势，小文决定辞职。谁知老板见小文要走，便以双方未签订劳动合同为由拒绝发放拖欠的工资，这让小文很无奈。那么，小文如何证明双方劳动关系的存在呢？

实践中，用人单位不与聘用的劳动者订立劳动合同的现象时有发生，致使发生争议时，劳动者的合法权益难以维护。但是，是否订立书面劳动合同并不影响劳动关系的成立，根据《劳动合同法》第十条的规定，已建立劳动关系，未同时订立书面劳动合同的，应当自用工之日起一个月内订立书面劳动合同。如果用人单位招用劳动者未订立劳动合同，但劳动者能出示工资支付凭证、缴纳社会保险费的记录、用人单位发放的工作证和服务证、劳动者填写的用人单位招聘登记表和报名表以及考勤记录等，就可以证明双方劳动关系的存在。只要劳动者能证明劳动关系的存在，即使没有书面劳动合同，也可以向公司索要劳动报酬。而且根据《劳动合同法》第八十二条第一款的规定，如果用人单位不与劳动者签订劳动合同，自劳动者进入公司一个月至一年这段期间，可以要求公司每月支付其二倍的工资。

◆ 法律条文

《中华人民共和国劳动合同法》

第十条 建立劳动关系，应当订立书面劳动合同。

已建立劳动关系，未同时订立书面劳动合同的，应当自用工之日起一个月内订立书面劳动合同。

用人单位与劳动者在用工前订立劳动合同的，劳动关系自用工之日起建立。

第八十二条第一款 用人单位自用工之日起超过一个月不满一年未与劳动者订立书面劳动合同的，应当向劳动者每月支付二倍的工资。

《关于贯彻执行〈中华人民共和国劳动法〉若干问题的意见》

17. 用人单位与劳动者之间形成了事实劳动关系，而用人单位故意拖延不订立劳动合同，劳动行政部门应予以纠正。用人单位因此给劳动者造成损害的，应按劳动部《违反〈劳动法〉有关劳动合同规定的赔偿办法》（劳部发〔1995〕223 号）的规定进行赔偿。

深度解析

书面劳动合同在劳动争议中可以作为一项有力的证据使用，但劳动关系的建立并不是以签订劳动合同为绝对要件的，只要存在用工事实，用人单位就应当支付劳动者相应的报酬。用人单位在没有和劳动者签订合同的情况下，工作时间在超过一个月不满一年的期限内，应向劳动者每月支付二倍的工资。这有利于依法保护劳动者的合法权益，有利于规范用人单位的行为，督促用人单位依照法律规定及时与劳动者签订劳动合同。

3. 劳动者与用人单位的劳动关系是从合同签订之日起才建立的吗?

◆ 案例分析

2020 年 5 月，白某通过朋友介绍到一家设计公司工作。公司没有与白某直接签订劳动合同，而是让白某先工作几天感受一下，如果合适再签合同。十几天后，白某觉得这个岗位很适合自己，想留在公司工作，便与公司商量签订劳动合同，公司答应并很快落实。那么，白某与该公司的劳动关系是从合同签订之日起建立的吗？如果不是，应该从何时建立？

我国《劳动合同法》第七条的规定：“用人单位自用工之日起即与劳动者建立劳动关系……”该法第十条第一款、第二款规定：“建立劳动关系，应当订立书面劳动合同。已建立劳动关系，未同时订立书面劳动合同的，应当自用工之日起一个月内订立书面劳动合同。”因此，本案中，白某自到该公司正式工作之日起即可与公司签订劳动合同，若当时未签劳动合同，白某在正式工作之日起一个月内可以要求与公司签订劳动合同。若公司自聘用他之日起，超过一个月不满一年未与他订立劳动合同，则应当向他每月支付二倍的工资。因此，白某与该公司的劳动关系，自白某到该公司第一天工作时就已经建立。

◆ 法律条文

《中华人民共和国劳动合同法》

第七条　用人单位自用工之日起即与劳动者建立劳动关系。用人单位应当建立职工名册备查。

第十条　建立劳动关系，应当订立书面劳动合同。

已建立劳动关系，未同时订立书面劳动合同的，应当自用工之日起一个月内订立书面劳动合同。

用人单位与劳动者在用工前订立劳动合同的，劳动关系自用工之日起建立。

第八十二条第一款　用人单位自用工之日起超过一个月不满一年未与劳动者订立书面劳动合同的，应当向劳动者每月支付二倍的工资。

深度解析

实践中存在很多先试用几天再签订劳动合同的现象，很多劳动者都会以为试用期间是不成立劳动关系的，但实际上，我国法律明确规定劳动关系建立的生效时间是劳动者在用人单位开始工作之日，也就是说，试用期间是计算在内的。劳动关系的建立即表明用人单位和劳动者之间劳资关系的确立，双方应在规定的时间内签订劳动合同，使劳动关系以书面的形式稳定下来；双方根据合同的内容履行各自的义务，维护各自的正当利益。

4. 职工满足哪些条件可以与单位签订无固定期限劳动合同?

◆ 案例分析

2010 年 7 月 1 日，小周大学毕业后进入一家出版社工作，并签订了劳动合同。2020 年 7 月他已在该企业工作满十年。那么，按照我国法律，他符合订立无固定期限劳动合同的条件吗?

小周符合条件，可以与企业订立无固定期限劳动合同。根据《劳动合同法》第十四条的规定，劳动者在该用人单位连续工作满十年的，除劳动者提出订立固定期限劳动合同外，应当订立无固定期限劳动合同。本案中，小周已经在该单位工作满十年，其提出订立无固定期限劳动合同的要求，单位应该满足。

◆ 法律条文

《中华人民共和国劳动合同法》

第十四条 无固定期限劳动合同，是指用人单位与劳动者约定无确定终止时间的劳动合同。

用人单位与劳动者协商一致，可以订立无固定期限劳动合同。有下列情形之一，劳动者提出或者同意续订、订立劳动合同的，除劳动者提出订立固定期限劳动合同外，应当订立无固定期限劳动合同：

（一）劳动者在该用人单位连续工作满十年的；

（二）用人单位初次实行劳动合同制度或者国有企业改制重新订立劳动合同时，劳动者在该用人单位连续工作满十年且距法定退休年龄不足十年的；

（三）连续订立二次固定期限劳动合同，且劳动者没有本法第三十九条和第四十条第一项、第二项规定的情形，续订劳动合同的。

用人单位自用工之日起满一年不与劳动者订立书面劳动合同的，视为用人单位与劳动者已订立无固定期限劳动合同。

深度解析

所谓无固定期限劳动合同，是指用人单位与劳动者约定无确定终止时间的劳动合同。订立无固定期限劳动合同的目的是维护为企业奉献多年的劳动者的合法权益，为他们今后的发展提供可靠的保障，这样有利于员工职业生涯的发展，也有利于企业的发展。但是，订立无固定期限劳动合同也必须符合法律规定的具体条件。

5. 法律对于劳动合同到期后劳动者仍在该单位继续工作的情况是如何认定的?

◆ 案例分析

小唐大学毕业后先找了一家公司做销售助理，签订了为期三年的劳动合同。小唐的真实想法是一方面利用这三年积累工作经验，另一方面找到和自己专业对口的工作。今年年初，小唐与公司的劳动合同到期，但没有续签。小唐一边找新的工作，一边继续每天按时在公司工作，但又非常担心公司会随时让自己走人。那么，小唐的担心有道理吗？法律对于劳动合同到期后劳动者在原单位继续工作的情况是如何规定的？

根据《最高人民法院关于审理劳动争议案件适用法律若干问题的解释》第十六条第一款的规定，劳动合同期满后，劳动者仍在原用人单位工作，原用人单位未表示异议的，视为双方同意以原条件继续履行劳动合同。一方提出终止劳动关系的，人民法院应当支持。劳动合同终止的，依据《劳动合同法》第五十条的规定，用人单位应当与劳动者办理终止或解除劳动合同的手续，为劳动者出具终止、解除劳动合同证明，并在十五日内为劳动者办理档案和社会保险关系转移手续。也就是说，劳动关系双方对合同到期与否不存在任何异议，一切照旧，则认定为双方默认按照劳动合同的约定继续履行。本案中，小唐尽管与公司没有续约，但并未提出劳动合同终止异议，依法应视为双方续约。如果公司提出终止劳动关系的，也符合法律的规定，但应当提前一个月通知小唐。

◆ 法律条文

《中华人民共和国劳动合同法》

第五十条　用人单位应当在解除或者终止劳动合同时出具解除或者终止劳动合同的证明，并在十五日内为劳动者办理档案和社会保险关系转移手续。

劳动者应当按照双方约定，办理工作交接。用人单位依照本法有关规定应当向劳动者支付经济补偿的，在办结工作交接时支付。

用人单位对已经解除或者终止的劳动合同的文本，至少保存二年备查。

《最高人民法院关于审理劳动争议案件适用法律若干问题的解释》

第十六条第一款　劳动合同期满后，劳动者仍在原用人单位工作，原用人单位未表示异议的，视为双方同意以原条件继续履行劳动合同。一方提出终止劳动关系的，人民法院应当支持。

深度解析

实践中存在很多劳动合同期满后，劳动者与用人单位没有及时续签劳动合同，但双方仍对此劳动关系默认的情况，对此，我国法律是予以保护的。也就是说，劳动合同履行期满后，劳动者继续在原用人单位工作，原单位接受的，劳动者与用工单位之间就形成了事实劳动关系，应在一个月内签订书面合同，否则一方要求终止（除用人单位维持原条件续订劳动合同劳动者不同意外），用人单位应当向劳动者支付经济补偿。

6. 劳动合同中免除单位法定责任的条款是否有效?

◆ 案例分析

小朱是一名快递员，每天快递的数量非常多，其和同事每天风里来雨里去，非常辛苦。一天，天雾蒙蒙的，小朱像往常一样骑着电动车送快递，经过一个十字路口时被一辆轿车撞倒，身上多处骨折，轿车司机却逃之夭夭。小朱的妻子认为这是工伤，要求公司承担近万元的医疗费用，但公司拿出劳动合同指出“员工送件路上出现意外，公司概不负责”的条款。那么，该条款是否合法有效?

单位的免责条款是无效的，但合同其他部分效力不会因此都归于无效。根据我国《劳动合同法》第二十六条第二项的规定，用人单位免除自己的法定责任、排除劳动者权利的，劳动合同无效。“工作中的伤害不予负责”条款加重了劳动者的负担，失之公平，是用人单位排除自己责任的规定，是不合法的，也是与法律公平正义的精神相违背的。因此，小朱有权向单位要求支付医疗费用。

◆ 法律条文

《中华人民共和国劳动合同法》

第二十六条　下列劳动合同无效或者部分无效：

（一）以欺诈、胁迫的手段或者乘人之危，使对方在违背真实意思的情况下订立或者变更劳动合同的；

（二）用人单位免除自己的法定责任、排除劳动者权利的；

（三）违反法律、行政法规强制性规定的。

对劳动合同的无效或者部分无效有争议的，由劳动争议仲裁机构或者人民法院确认。

深度解析

用人单位免除自己的法定责任将导致合同无效，用人单位的法定责任并不会因此条款而真正被免除。现实生活中，“工伤概不负责”“加班不给加班费”等霸王条款极大地损害了劳动者的合法权益。在此种情况下即使是劳动者出于追求高报酬等动机自愿与单位签订，劳动合同相应的条款也是无效的。法律作出这样的规定，是为了以此禁止用人单位利用合同的形式来规避自己的责任和义务，损害劳动者的合法权益。

第二章
劳动合同解除法律知识

劳动者可单方面解除劳动合同的情形

- 用人单位以暴力、威胁或者非法限制人身自由的手段强迫劳动者劳动的，或者用人单位违章指挥、强令冒险作业危及劳动者人身安全的，劳动者可以立即解除劳动合同，不需事先告知用人单位
- 用人单位的规章制度违反法律、法规的规定，损害劳动者权益的
- 因法定情形致使劳动合同无效的
  - 以欺诈、胁迫的手段或者乘人之危，使对方在违背真实意思的情况下订立或者变更劳动合同的
  - 用人单位免除自己的法定责任、排除劳动者权利的
  - 违反法律、行政法规强制性规定的
- 法律、行政法规规定劳动者可以解除劳动合同的其他情形
- 未按照劳动合同约定提供劳动保护或者劳动条件的
- 未及时足额支付劳动报酬的
- 未依法为劳动者缴纳社会保险费的

用人单位可单方解除劳动合同的情形

- 劳动者同时与其他用人单位建立劳动关系，对完成本单位的工作任务造成严重影响，或者经用人单位提出，拒不改正的
- 因劳动者以欺诈、胁迫的手段或者乘人之危，使单位在违背真实意思的情况下订立或者变更劳动合同，致使劳动合同无效的
- 被依法追究刑事责任的
- 在试用期间被证明不符合录用条件的
- 严重违反用人单位的规章制度的
- 严重失职，营私舞弊，给用人单位造成重大损害的

无过失性辞退

- 用人单位提前30日以书面形式通知劳动者本人或者额外支付劳动者一个月工资后，可以解除劳动合同的情形
  - 劳动者患病或者非因工负伤，在规定的医疗期满后不能从事原工作，也不能从事由用人单位另行安排的工作的
  - 劳动者不能胜任工作，经过培训或者调整工作岗位，仍不能胜任工作的
  - 劳动合同订立时所依据的客观情况发生重大变化，致使劳动合同无法履行，经用人单位与劳动者协商，未能就变更劳动合同内容达成协议的

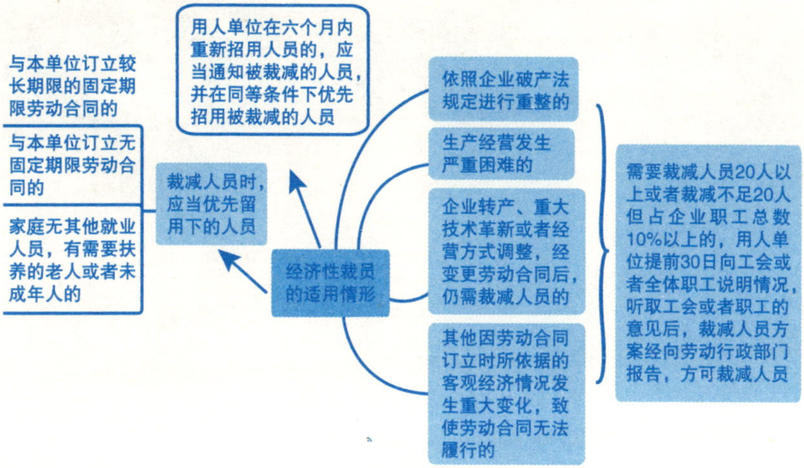

经济性裁员的适用情形
依照企业破产法规定进行重整的
生产经营发生严重困难的
企业转产、重大技术革新或者经营方式调整，经变更劳动合同后，仍需裁减人员的
其他因劳动合同订立时所依据的客观经济情况发生重大变化，致使劳动合同无法履行的
需要裁减人员20人以上或者裁减不足20人但占企业职工总数10%以上的，用人单位提前30日向工会或者全体职工说明情况，听取工会或者职工的意见后，裁减人员方案经向劳动行政部门报告，方可裁减人员
用人单位在六个月内重新招用人员的，应当通知被裁减的人员，并在同等条件下优先招用被裁减的人员
裁减人员时，应当优先留用下的人员
与本单位订立较长期限的固定期限劳动合同的
与本单位订立无固定期限劳动合同的
家庭无其他就业人员，有需要扶养的老人或者未成年人的

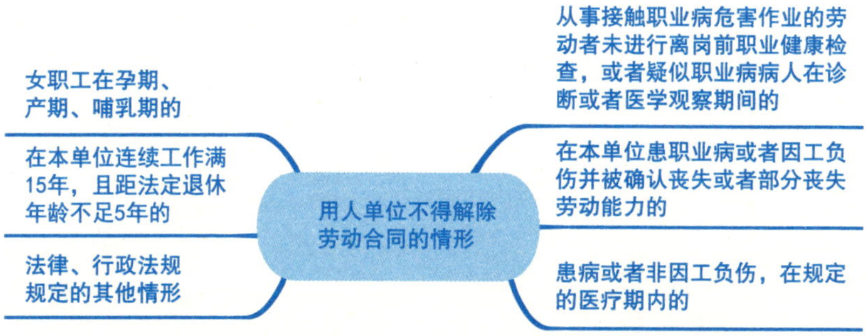

用人单位不得解除劳动合同的情形
女职工在孕期、产期、哺乳期的
在本单位连续工作满15年，且距法定退休年龄不足5年的
法律、行政法规规定的其他情形
从事接触职业病危害作业的劳动者未进行离岗前职业健康检查，或者疑似职业病病人在诊断或者医学观察期间的
在本单位患职业病或者因工负伤并被确认丧失或者部分丧失劳动能力的
患病或者非因工负伤，在规定的医疗期内的

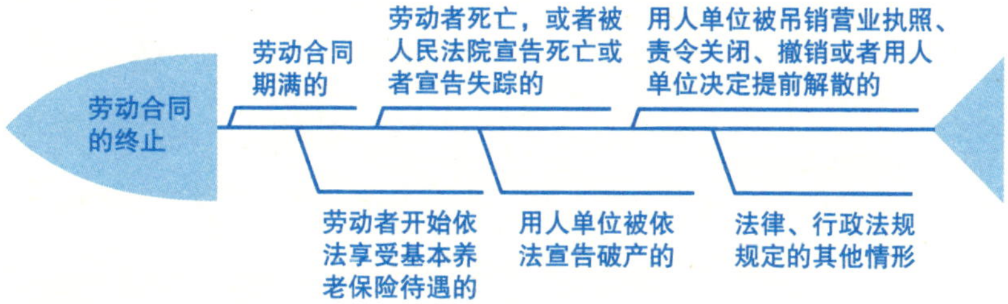

劳动合同的终止
劳动合同期满的
劳动者死亡，或者被人民法院宣告死亡或者宣告失踪的
用人单位被吊销营业执照、责令关闭、撤销或者用人单位决定提前解散的
劳动者开始依法享受基本养老保险待遇的
用人单位被依法宣告破产的
法律、行政法规规定的其他情形

7. 用人单位未及时足额支付劳动报酬，员工可以辞职吗？

◆ 案例分析

2017 年 2 月，张某跳槽至某建筑公司从事工程师的工作。劳动合同中约定，合同期限为五年，张某的月薪为 12000 元，年底会根据公司的经济效益发放奖金。合同签订后，建筑公司也依据合同约定按时足额地发放工资。2020 年 2 月，因建筑市场不景气，公司以垫资过多、工程款收不上来为由，决定将所有员工的月工资减半。张某对公司的决定不服，其多次与人力资源领导协商无果后，打算解除与用人单位的劳动合同。那么在用人单位不能及时足额支付劳动报酬时，员工可以单方面宣布解除劳动合同吗？

张某可以单方面宣布解约。劳动者在就业关系中往往处于弱势地位，其合法权益很容易受到侵害，考虑到这一点，在用人单位出现某些法定情形时，法律赋予了劳动者单方解除合同的权利。根据我国《劳动法》第三十二条、《劳动合同法》第三十八条的规定，在用人单位未按照劳动合同约定支付劳动报酬或者提供劳动条件时，劳动者可以随时通知用人单位解除劳动合同。本案中，建筑公司以公司垫资过多、工程款收不上来为由，将所有员工的月工资减半，违反了劳动合同中约定的内容。而且建筑公司垫资多少、是否收到工程款与其事先约定好的薪金是没有关系的，用人单位的做法无疑属于无故克扣劳动者工资的行为，严重地侵害了张某的合法权益，因此，张某可以辞职，单方面宣布解除与用人单位的劳动关系。

◆ 法律条文

《中华人民共和国劳动法》

第三十二条　有下列情形之一的，劳动者可以随时通知用人单位解除劳动合同：

（一）在试用期内的；

（二）用人单位以暴力、威胁或者非法限制人身自由的手段强迫劳动的；

（三）用人单位未按照劳动合同约定支付劳动报酬或者提供劳动条件的。

《中华人民共和国劳动合同法》

第三十七条　劳动者提前三十日以书面形式通知用人单位，可以解除劳动合同。劳动者在试用期内提前三日通知用人单位，可以解除劳动合同。

第三十八条　用人单位有下列情形之一的，劳动者可以解除劳动合同：

……

（二）未及时足额支付劳动报酬的；

……

深度解析

劳动者在劳动合同关系中往往处于弱势地位，为了保障劳动者的合法权益，法律赋予了劳动者在某些情形下单方解除劳动合同的权利，这些情形主要是指：（1）在试用期内，随时解除劳动合同。在试用期内随时解除劳动合同实际上是双向的，即用人单位和劳动者在试用期内，都可以解除劳动合同，而不必征得对方同意。（2）用人单位采用拘留、禁闭或其他强制方法非法剥夺或限制劳动者人身自由的方式强迫劳动者劳动的，劳动者除有随时解除劳动合同的权利外，还可以就用人单位的违法行为向有关部门举报，要求对其进行查处。（3）对于用人单位未按照劳动合同约定支付劳动报酬或者提供劳动条件的，劳动者在提出解除劳动合同的同时，有权要求用人单位按照其付出的劳动支付相应的报酬。

8. 劳动者非因工负伤后拒绝从事公司另行安排的工作，公司可以将其解聘吗?

◆ 案例分析

胡某是一名煤矿工人，从事该工作已近七年。2019 年春节，胡某在外出拜访亲友时不幸发生车祸。该事故导致胡某的右腿粉碎性骨折，并住院治疗一个月。医疗期满后，胡某回到矿上，虽然病愈，但是因为其右腿受伤严重，不能从事重劳动，所以无法做原来的工作了。矿山领导考虑到胡某在矿上工作近七年，为矿上做出了很大贡献，遂安排胡某在矿上食堂工作。然而，胡某认为食堂的工作虽然不累，但是事情又多又乱，不适合自己。因此，胡某不同意去食堂工作，要求矿山领导给他安排其他的工作。矿山领导提出，如果胡某不服从工作安排，就解雇胡某。矿山领导的做法合法吗?

劳动者患病或者非因工负伤，在规定的医疗期满后应当及时回到工作岗位工作。但是一个人在患病或负伤以后，即使康复了，可能体能、技能也不如以前，有的人就不能从事原工作，而一些技术工、体力活更是如此。当劳动者出现这样的情况时，用人单位应当根据劳动者的具体情况对其进行劳动岗位的变更，使其最大限度地发挥才能。胡某从事煤矿工作，属于技术工、体力活，他在非工负伤痊愈后，体能下降，不能从事井下工作，矿山领导让其到食堂工作，就是根据实际情况对其进行的岗位变动。但是胡某认为食堂的事情又多又乱，不适合自己，拒绝从事该工作。对此，依据我国《劳动合同法》第四十条的规定，劳动者患病或者非因工负伤，在规定的医疗期满后不能从事原工作，也不能从事由用人单位另行安排的工作的，用人单位提前三十日以书面形式通知劳动者本人或者额外支付劳动者一个月工资后，可以解除劳动合同。因此，矿上在胡某拒绝到食堂工作后，可以根据法律程序将其解聘，矿山领导的做法是合法的。

◆ 法律条文

《中华人民共和国劳动合同法》

第四十条 有下列情形之一的，用人单位提前三十日以书面形式通知劳动者本人或者额外支付劳动者一个月工资后，可以解除劳动合同：

（一）劳动者患病或者非因工负伤，在规定的医疗期满后不能从事原工作，也不能从事由用人单位另行安排的工作的；

……

深度解析

劳动者因自身的原因导致身体不能胜任工作而解除劳动合同，在规定的医疗期满后不能从事原工作，也不能从事由用人单位另行安排的工作的，用人单位可以解除劳动合同，但需要提前30日以书面形式通知劳动者本人或者额外支付劳动者一个月工资。法律规定在此种情形下用人单位有权解除劳动合同，是对用人单位权益的保障，也是法律公平原则的体现。

9. 劳动者违反保密义务给公司造成损失的，需要承担什么后果？

◆ 案例分析

赵某经过朋友介绍成为某保健品公司的销售人员。正式入职时，赵某与公司签订了劳动合同，合同中约定了合同期限、工资薪金待遇等，同时还特别约定赵某要保守公司的商业秘密，尤其不能泄露公司的客户名单，包括客户名称、地址、联系方式以及交易的习惯、意向、内容等客户信息，还有汇集众多客户的客户名册，以及保持长期稳定交易关系的特定客户信息。赵某工作几年后，也积累了一定的客户群。后在利益的诱惑下，赵某将自己手中以及自己知道的客户资料以高价卖给另一家保健品公司。赵某的行为导致公司客户源流失，给公司造成了不小的损失。公司得知该情况后，要求赵某赔偿损失。那么劳动者违反保密义务给公司造成损失的，需要承担什么后果？

劳动者在用人单位的工作岗位上应当做好本职工作，尤其是在掌握着公司、企业商业秘密的岗位上的劳动者，更应该坚守岗位职责，履行自己的义务，不能因为利益的诱惑失去原则，就像赵某一样将手里的商业秘密变为自己的私利。我国《劳动合同法》第三十九条规定，劳动者严重失职，营私舞弊，给用人单位造成重大损害的，用人单位可以解除劳动合同。同时《劳动合同法》第九十条和《劳动法》第一百零二条都规定，劳动者违反保密事项，对用人单位造成经济损失的，应当依法承担赔偿责任。本案中，赵某将公司的商业秘密私自卖给他人，并造成客户源流失的后果，给公司带来经济损失，某保健品公司可以据此解除劳动合同，并要求赵某赔偿公司的损失，具体数额根据实际损失情况由双方协商确定。

◆ 法律条文

《中华人民共和国劳动合同法》

第三十九条 劳动者有下列情形之一的，用人单位可以解除劳动合同：

……

（三）严重失职，营私舞弊，给用人单位造成重大损害的；

……

第九十条 劳动者违反本法规定解除劳动合同，或者违反劳动合同中约定的保密义务或者竞业限制，给用人单位造成损失的，应当承担赔偿责任。

《中华人民共和国劳动法》

第一百零二条 劳动者违反本法规定的条件解除劳动合同或者违反劳动合同中约定的保密事项，对用人单位造成经济损失的，应当依法承担赔偿责任。

深度解析

对负有保守用人单位商业秘密义务的劳动者，用人单位可以在劳动合同或者保密协议中与劳动者约定竞业限制条款，与用人单位的高级管理人员、高级技术人员和其他知悉用人单位商业秘密的人员，就竞业限制的范围、地域、期限作出约定。在解除或者终止劳动合同后，用人单位按照约定在竞业限制期限内按月给予劳动者经济补偿，而该劳动者不得到与本单位生产或者经营同类产品、业务的有竞争关系的其他用人单位工作，或者自己开业生产或者经营与本单位有竞争关系的同类产品、业务。劳动者违反竞业限制约定的，应当按照约定向用人单位支付违约金。劳动者违反劳动合同中约定的保密义务或者竞业限制，对用人单位造成损失的，还应当对用人单位的实际损失承担赔偿责任。

10. 劳动者被依法追究刑事责任的，用人单位可以与其解除劳动关系吗？

◆ 案例分析

沈某在某电器公司做销售，工资不高，不过工作相对轻松。2019年8月，沈某与朋友外出吃饭时，与邻桌的李某发生纠纷。沈某一时气愤将李某打伤，后经法医鉴定，李某所受的伤已构成轻伤。沈某遂因涉嫌故意伤害罪被当地公安机关依法逮捕。后经法院审判，以故意伤害罪判处沈某有期徒刑一年零六个月。电器公司得知法院的判决结果后，便解除了与沈某的劳动合同。请问电器公司的做法合法吗？

沈某因触犯故意伤害罪，被依法追究刑事责任，用人单位依据《劳动合同法》第三十九条的相关规定，可以解除与沈某的劳动合同。同时，由于该电器公司是依据法律相关规定解除劳动合同的，因此，不存在违约问题，不必承担违约责任。当然，法律也没有关于经济补偿的条款，所以，公司无须给予沈某相应的经济补偿。

◆ 法律条文

《中华人民共和国劳动合同法》

第三十九条 劳动者有下列情形之一的，用人单位可以解除劳动合同：

……

（六）被依法追究刑事责任的。

深度解析

用人单位可以与被依法追究刑事责任的劳动者解除劳动合同。被依法追究刑事责任，是指以下情形：第一，被人民检察院免予起诉的；第二，被人民法院判处刑罚（包括主刑：管制、拘役、有期徒刑、无期徒刑、死刑；附加刑：罚金、剥夺政治权利、没收财产）的；第三，被人民法院依据《刑法》免予刑事处分的；第四，劳动者被人民法院判处拘役、三年以下有期徒刑缓刑的。劳动者被依法追究刑事责任的，用人单位可以单方面解除劳动合同，并且不需要支付经济补偿金。

11. 劳动者非因工丧失劳动能力的，用人单位可以解除劳动合同吗？

◆ 案例分析

朱某为某保险公司理赔部的经理。2020 年 2 月，朱某在家给电动车充电时，因线路出现故障而引发了火灾。所幸火势还没有蔓延便被扑灭，但是朱某被大面积烧伤，生命垂危。在医院的全力抢救下，朱某脱离了生命危险，但其头面部、颈部、手部及腿部等多部位被严重烧伤。经过鉴定，朱某完全丧失了劳动能力。医疗期满后，因朱某不能再胜任保险公司的工作，也不能从事由保险公司另行安排的工作，故保险公司选择与朱某解除劳动关系。请问在这种情况下，保险公司可以辞退朱某吗？

保险公司可以将其辞退。法律上有一种情况，即劳动者在工作中没有过失，但合同已经无法正常履行，用人单位只能单方面解除劳动合同，这种情况被称为无过失性辞退。本案中，朱某遭遇火灾意外，丧失了劳动能力，已经不能从事原来的工作，不能正常地履行合同义务了。虽然这不是朱某的过错，但朱某已经不能胜任项目经理的工作是事实，因此，保险公司不得不与其解除劳动合同。

此处有两点必须注意：一是导致劳动者失去工作能力的疾病不能是职业病或因公负伤，不能与用人单位有任何关系；否则用人单位不能将其辞退。二是劳动者患病、负伤，失去工作能力后，用人单位不能立即解除合同，必须给予一定的医疗期，医疗期结束后，再商谈解除合同的事宜。

◆ 法律条文

《中华人民共和国劳动合同法》

第四十条　有下列情形之一的，用人单位提前三十日以书面形式通知劳动者本人或者额外支付劳动者一个月工资后，可以解除劳动合同：

（一）劳动者患病或者非因工负伤，在规定的医疗期满后不能从事原工作，也不能从事由用人单位另行安排的工作的；

……

深度解析

劳动合同不仅保护劳动者的利益，也保护用人单位的合法权益。在出现某些法定情形时，用人单位可以解除劳动合同。其中的一种情形就是劳动者非因公负伤，不能继续工作的。即劳动者因自身原因不能胜任工作，或者因订立合同的客观情况发生变化导致合同无法履行并不能通过协商解决的，用人单位可以依法解除劳动合同，但需要向劳动者支付经济补偿金或提前三十日以书面形式通知劳动者。

12. 用人单位与劳动者解除劳动合同时，有义务出具解除劳动关系的证明吗？

◆ 案例分析

2018 年 1 月，孙某到某商贸公司任销售部经理。孙某与该商贸公司签订了为期两年的劳动合同，合同约定月工资 8000 元。合同期满后，商贸公司提出与孙某续签劳动合同，而同时某连锁超市也希望聘请孙某担任其公司的大区经理。孙某经过考虑以后，接受了连锁超市的邀请，与商贸公司解除劳动合同。在孙某办理入职手续时，超市需要孙某提供其与原单位解除劳动关系的证明。孙某遂向商贸公司索要解除劳动关系的证明，而原单位却以各种理由推脱，不肯为孙某出具证明。请问商贸公司有义务为孙某出具解除劳动关系的证明吗？

该商贸公司不为孙某开具解除劳动关系证明的行为是违法的。根据我国《劳动合同法》第五十条第一款的规定，用人单位应当在解除或者终止劳动合同时出具解除或者终止劳动合同的证明，并在十五日内为劳动者办理档案和社会保险关系转移手续。另外，该法第八十九条规定，用人单位违反本法规定未向劳动者出具解除或者终止劳动合同的书面证明，由劳动行政部门责令改正；给劳动者造成损害的，应当承担赔偿责任。本案中，商贸公司有为孙某出具解除劳动关系证明的义务，但其推脱不开，对此，可以由劳动行政部门责令其改正；如孙某因索要解除劳动关系证明而造成损失，其可以要求该商贸公司赔偿。

◆ 法律条文

《中华人民共和国劳动合同法》

第五十条第一款　用人单位应当在解除或者终止劳动合同时出具解除或者终止劳动合同的证明，并在十五日内为劳动者办理档案和社会保险关系转移手续。

第八十九条　用人单位违反本法规定未向劳动者出具解除或者终止劳动合同的书面证明，由劳动行政部门责令改正；给劳动者造成损害的，应当承担赔偿责任。

深度解析

法律赋予了劳动者单方解除劳动合同的权利。劳动者和用人单位之间的权力义务关系随着劳动合同的解除、终止而消失，但是基于诚实守信的原则，双方还必须履行各自的附属义务，用人单位应该为劳动者转出档案、办理社会保险关系转移手续，向劳动者开具解除或终止劳动合同的证明。而劳动者应当按照双方约定，办理工作交接。

13. 用人单位违法解除劳动合同的，应该如何赔偿劳动者？

◆ 案例分析

2019 年 7 月，单某被某家具厂招聘为送货员。双方签订了为期一年的劳动合同，并约定月工资为 3000 元。2020 年 4 月 3 日，单某在送家具途中与夏某驾驶的轿车相撞，导致单某受轻微伤，部分家具损坏。该事故经交警认定为夏某承担全部责任，单某无责任。该家具厂却认为单某给公司造成了一定的损失，于是单方面解除了劳动合同。单某认为交通事故不是自己的责任，家具厂辞退自己的行为违法，要求家具厂支付违法解除合同的赔偿金和经济补偿金。那么，单某的要求合法吗？

根据《劳动合同法实施条例》第二十五条的规定，用人单位违反劳动合同法的规定解除或者终止劳动合同，依照劳动合同法第八十七条的规定支付了赔偿金的，不再支付经济补偿金。所以，单某要求家具厂同时支付给自己赔偿金和经济补偿金的请求是不能实现的。家具厂支付给他赔偿金便不会再支付他经济补偿金了，两者只能适用其一，不能同时适用。

◆ 法律条文

《中华人民共和国劳动合同法实施条例》

第二十五条 用人单位违反劳动合同法的规定解除或者终止劳

动合同，依照劳动合同法第八十七条的规定支付了赔偿金的，不再支付经济补偿。赔偿金的计算年限自用工之日起计算。

《中华人民共和国劳动合同法》

第八十七条　用人单位违反本法规定解除或者终止劳动合同的，应当依照本法第四十七条规定的经济补偿标准的二倍向劳动者支付赔偿金。

深度解析

用人单位违法解除劳动合同的，应当向劳动者支付赔偿金或者经济补偿。但是两者不能同时适用，即如果用人单位支付了赔偿金，就不再支付经济补偿。为了防止用人单位恶意违法解除或者终止劳动合同，刻意少支付甚至不支付赔偿金，我国法律明确规定赔偿金的计算年限从用工之日起计算。

14. 劳动者因兼职对本职工作造成了严重影响，用人单位是否有权利解除劳动合同并要求其支付违约金？

◆ 案例分析

2018 年 7 月，徐某在某投资公司找到了一份办公室文员的工作，月薪为 3000 元，工作相对比较轻松。为了多赚点钱，徐某在朋友的介绍下，又在某酒店找了一份夜间兼职的工作。由于徐某每天夜晚在酒店工作到深夜，白天在单位工作时常常因精力不足而丢三落四。2020 年 6 月，徐某在整理文件时，因疲劳困倦，将公司的几份重要文件放进碎纸机粉碎，给公司造成了巨大损失。投资公司以徐某在外兼职严重影响工作为由，解除了劳动合同，并要求徐某支付违约金。那么，投资公司是否有权利解除劳动合同并要求徐某支付违约金呢？

为人工作，忠人之事。徐某由于在外兼职导致上班时疲劳困倦，精力不足，使公司遭受了巨大损失。公司有权依法解除与徐某的劳动合同。根据《劳动合同法实施条例》第二十六条第二款的规定，劳动者同时与其他用人单位建立劳动关系，对完成本单位的工作任务造成严重影响，或者经用人单位提出，拒不改正的，用人单位与劳动者解除约定服务期的劳动合同的，劳动者应当按照劳动合同的约定向用人单位支付违约金。本案中我们看到，徐某的在外工作行为已经对完成本单位的工作任务造成了严重影响，用人单位可以依法解除与徐某的劳动合同，并且徐某应该向用人单位支付约定的违约金。

◆ 法律条文

《中华人民共和国劳动合同法实施条例》

第二十六条第二款　有下列情形之一，用人单位与劳动者解除约定服务期的劳动合同的，劳动者应当按照劳动合同的约定向用人单位支付违约金：

……

（三）劳动者同时与其他用人单位建立劳动关系，对完成本单位的工作任务造成严重影响，或者经用人单位提出，拒不改正的；

……

深度解析

《劳动合同法实施条例》第二十六条对用人单位如何处理具有双重劳动关系的劳动者作出了规定。劳动合同的双方必须依约忠实履行自己的义务。劳动者必须忠于本职工作，确有必要在外兼职的要争取用人单位的同意，并且保证不能影响本职工作的正常进行。

15. 用人单位口头解除劳动合同的行为有效吗?

◆ 案例分析

2019 年 3 月，王某到某汽贸公司上班，职位为司机。双方签订了为期一年的劳动合同。因为工作需要，王某常常加班，但是汽贸公司却未依法支付王某加班费。王某认为自己的权利受到了侵犯，便向公司提出支付加班费的请求。2019 年 12 月，公司经理突然口头通知王某，要解除和他的劳动关系。王某要求公司出具解除劳动关系的证明，并要求公司赔偿，支付加班费。公司对王某的要求未予理会。那么，汽贸公司口头解除劳动合同的行为有效吗?

根据《劳动合同法》第五十条第一款规定：“用人单位应当在解除或者终止劳动合同时出具解除或者终止劳动合同的证明，并在十五日内为劳动者办理档案和社会保险关系转移手续。”用人单位与王某解除劳动合同，其应当出具解除劳动合同的证明。对于证明应当包含的内容，《劳动合同法实施条例》第二十四条作出了明确的规定：“用人单位出具的解除、终止劳动合同的证明，应当写明劳动合同期限、解除或者终止劳动合同的日期、工作岗位、在本单位的工作年限。”所以用人单位为王某出具的解除劳动关系的证明应当包含规定的内容，而不是口头通知就可以。因此用人单位口头解除劳动合同的行为是无效的。

◆ 法律条文

《中华人民共和国劳动合同法实施条例》

第二十四条　用人单位出具的解除、终止劳动合同的证明，应当写明劳动合同期限、解除或者终止劳动合同的日期、工作岗位、在本单位的工作年限。

《中华人民共和国劳动合同法》

第五十条第一款　用人单位应当在解除或者终止劳动合同时出具解除或者终止劳动合同的证明，并在十五日内为劳动者办理档案和社会保险关系转移手续。

深度解析

依法解除或者终止劳动合同时，用人单位都必须履行用人单位出具解除或者终止劳动合同证明的义务，这包括用人单位依法解除劳动合同、劳动者依法解除劳动合同、用人单位和劳动者依法终止劳动合同、在用人单位违法解除或者终止劳动合同后依法责令用人单位解除或者终止劳动合同等情形。用人单位出具证明应在依法解除或者终止劳动合同时。规定用人单位有出具解除或者终止劳动合同证明的义务，主要是为了便于劳动者办理失业登记。

第三章
试用期、服务期法律知识

试用期期限

- 劳动合同期限三个月以上不满一年的，试用期不得超过一个月
- 劳动合同期限一年以上不满三年的，试用期不得超过二个月
- 三年以上固定期限和无固定期限的劳动合同，试用期不得超过六个月

试用期与劳动合同期限的关系

- 试用期包含在劳动合同期限内
- 劳动合同仅约定试用期的，试用期不成立，该期限为劳动合同期限

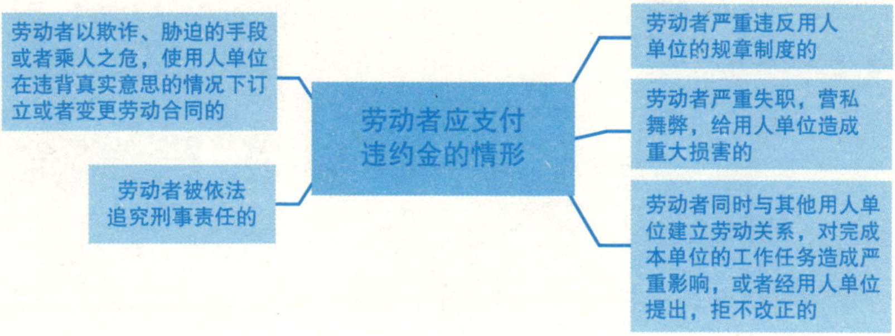
劳动者应支付违约金的情形
劳动者以欺诈、胁迫的手段或者乘人之危，使用人单位在违背真实意思的情况下订立或者变更劳动合同的
劳动者被依法追究刑事责任的
劳动者严重违反用人单位的规章制度的
劳动者严重失职，营私舞弊，给用人单位造成重大损害的
劳动者同时与其他用人单位建立劳动关系，对完成本单位的工作任务造成严重影响，或者经用人单位提出，拒不改正的

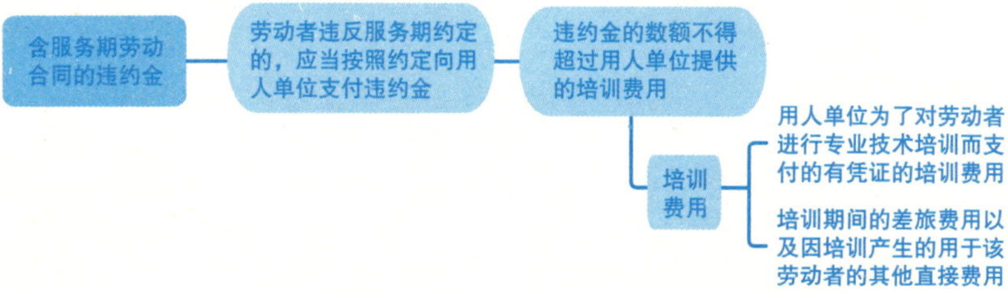
含服务期劳动合同的违约金
劳动者违反服务期约定的，应当按照约定向用人单位支付违约金
违约金的数额不得超过用人单位提供的培训费用
培训费用
用人单位为了对劳动者进行专业技术培训而支付的有凭证的培训费用
培训期间的差旅费用以及因培训产生的用于该劳动者的其他直接费用

16. 在试用期过后签订劳动合同，符合法律规定吗？

◆ 案例分析

杨某经过一番面试成为一家物流公司的员工。但是公司提出，想正式入职就必须经过三个月的试用期，经考核合格后才可以签订劳动合同。杨某心中十分纳闷，劳动合同不是应该在试用期前就签订的吗？公司的做法合法吗？

根据《劳动合同法》第十九条第四款的规定，试用期包含在劳动合同期限内。在试用期内，劳动者享有在劳动合同期限内享有的权利。本案中，公司应该与杨某在试用期前签订劳动合同。如果在试用期后签订，就是不合法的。杨某可以依法要求公司与其签订劳动合同，以维护自己的合法权益。

◆ 法律条文

《中华人民共和国劳动合同法》

第十九条 劳动合同期限三个月以上不满一年的，试用期不得超过一个月；劳动合同期限一年以上不满三年的，试用期不得超过二个月；三年以上固定期限和无固定期限的劳动合同，试用期不得超过六个月。

同一用人单位与同一劳动者只能约定一次试用期。

以完成一定工作任务为期限的劳动合同或者劳动合同期限不满

三个月的，不得约定试用期。

试用期包含在劳动合同期限内。劳动合同仅约定试用期的，试用期不成立，该期限为劳动合同期限。

深度解析

劳动合同可以约定试用期，但最长不得超过六个月。在劳动合同中约定试用期，一方面可以维护用人单位的利益，为每个工作岗位找到合适的劳动者，试用期就是供用人单位考察劳动者是否适合其工作岗位的一项制度，是给企业考察劳动者是否与录用要求相一致的时间，避免用人单位遭受不必要的损失；另一方面可以维护新招收职工的利益，使被录用的职工有时间考察了解用人单位的工作内容、劳动条件、劳动报酬等是否符合劳动合同的规定。在劳动合同中规定试用期，既是订立劳动合同双方当事人的权利与义务，同时也为劳动合同其他条款的履行提供了保障。

17. 用人单位将试用期设定为一年，符合法律规定吗？

◆ 案例分析

李娜学医出身，毕业后受聘于一家私立医院。签订劳动合同时，医院告知李娜是几个新来的医生中唯一一个没有工作经验的，需要对其进行严格的考核，所以其试用期是最长的，即一年的试用期。如果李娜试用期满考核合格，医院会按规定录取，不合格就只能请李娜另谋高就了。李娜想知道，在我国，用人单位设定的试用期最长是多久？

试用期是指用人单位和劳动者双方相互了解、确定对方是否符合自己的招聘条件或求职条件而约定的考察期。对于用人单位而言，试用期就是供用人单位考察劳动者是否适合其工作岗位的一项制度，是给企业考察劳动者是否与录用要求相一致的时间，避免用人单位遭受不必要的损失。对劳动者而言，在劳动合同中约定试用期，可以维护新招收职工的利益，使被录用的职工有时间考察了解用人单位的工作内容、劳动条件、劳动报酬等是否符合劳动合同的规定。在劳动合同中规定试用期，既是订立劳动合同双方当事人的权利与义务，同时也为劳动合同其他条款的履行提供了保障。

但试用期期限的长短要符合法律的规定，《劳动法》第二十一条规定："……试用期最长不得超过六个月。"《劳动合同法》第十九条第一款也进行了详细的规定："劳动合同期限三个月以上不满一年的，试用期不得超过一个月；劳动合同期限一年以上不满三年的，试用期不得超过二个月；三年以上固定期限和无固定期限的劳动合同，试用期不得超过六个月。”由此可知，我国法律规定的试用期最长为六个月。本案中，用人单位将试用期设定为一年，不符合法律的规定，而应当根据劳动合同期限的具体情况设定合理试用期，不能因工作性质特殊就违法约定试用期。

◆ 法律条文

《中华人民共和国劳动合同法》

第十九条第一款　劳动合同期限三个月以上不满一年的，试用期不得超过一个月；劳动合同期限一年以上不满三年的，试用期不得超过二个月；三年以上固定期限和无固定期限的劳动合同，试用期不得超过六个月。

《中华人民共和国劳动法》

第二十一条　劳动合同可以约定试用期。试用期最长不得超过六个月。

深度解析

《劳动合同法》第十九条第一款针对滥用试用期、试用期过长问题作出了针对性的规定。限定能够约定试用期的固定期限劳动合同的最短期限，并且在《劳动法》规定试用期最长不得超过六个月的基础上，根据劳动合同期限的长短，将试用期作出细化的规定。

试用期适用于初次就业和再次就业时改变劳动岗位或工种的劳动者，试用期应包括在劳动合同期限内。六个月是试用期的上限，即不论什么工作岗位的试用期都不得超过六个月。不同行业、工种可以根据自身工作性质在此范围内对试用期作具体规定。试用期结束后，对符合要求、适应生产经营需要的，应当转为正式职工，享受正式职工的待遇；对试用期内不符合录用条件的劳动者，企业可以解除劳动合同；若超过试用期，则企业不能以试用期内不符合录用条件为由解除劳动合同。

18. 劳动合同期限不满三个月的，约定试用期符合法律规定吗？

◆ 案例分析

屈某还有三个月就要去美国留学了，但是在家闲着也是闲着，就决定去找工作。后来，屈某应聘为某公司的临时工，和公司商量签订两个月的劳动合同。公司同意签订以两个月为期的劳动合同，但是提出试用期为一个月，试用期工资为正式工资的80%。屈某虽然心中不愿意，但是为了能挣点钱也就同意了。但是他心中疑惑：劳动合同期限不满三个月的，可以约定试用期吗？

《劳动合同法》第十九条第三款规定："以完成一定工作任务为期限的劳动合同或者劳动合同期限不满三个月的，不得约定试用期。"本案中，由于屈某的工作时间只有两个月，因此，该公司不能与屈某约定试用期，该公司与其约定试用期的做法不合乎法律的规定。屈某可以依法要求该公司取消试用期。

◆ 法律条文

《中华人民共和国劳动合同法》

第十九条第三款　以完成一定工作任务为期限的劳动合同或者劳动合同期限不满三个月的，不得约定试用期。

深度解析

劳动合同期限不满三个月的，不得约定试用期。也就是说，固定期限劳动合同能够约定试用期的最低起点是三个月。实践中，很多工作不需要试用期，劳动者就能胜任。这样的法律规定是为了避免用人单位恶意使用试用期，保障劳动关系的平等性，降低劳动者的经济负担。

19. 试用期工资的最低标准是如何规定的?

◆ 案例分析

岳某被某公司招用，双方签订了为期四年的劳动合同，并约定试用期为三个月。岳某入职后，公司称岳某还在试用期，不能全额发放工资，所以其工资为 1700 元，等岳某试用期满考核合格后全额发放工资 5000 元。一次偶然的机会，岳某发现自己试用期的工资没有达到政府规定的最低标准。为此他感到十分委屈，要求公司补发工资差额，却被公司以不是正式员工为由拒绝了。岳某想知道，试用期工资有最低标准吗?

根据《劳动合同法实施条例》第十五条的规定，劳动者在试用期的工资不得低于本单位相同岗位最低档工资的 80% 或者不得低于劳动合同约定工资的 80%，并不得低于用人单位所在地的最低工资标准。因此本案中，即使岳某是在试用期，其工资也不能由用人单位随意定，也不是没有约束标准的，不能低于当地政府规定的最低工资标准。所以，该公司在试用期给岳某的工资是不合法的，应该按照规定为其补发差额。

◆ 法律条文

《中华人民共和国劳动合同法实施条例》

第十五条　劳动者在试用期的工资不得低于本单位相同岗位最

低档工资的80%或者不得低于劳动合同约定工资的80%，并不得低于用人单位所在地的最低工资标准。

深度解析

对于劳动者的劳动，用人单位应该给予相应的报酬。用人单位对于劳动者在试用期的工资应该按照相关法律规定给予报酬，用人单位如果有违法行为的，劳动者可以依法维护自己的合法权益。

20. 劳动合同期满，服务期尚未到期的，怎么办？

◆ 案例分析

杨某是一家制药厂的药剂师，业务熟练，是药厂的技术骨干。在劳动合同还有两年就到期的时候，药厂为了攻克技术难关就派遣杨某出国进修半年，学习外国的先进技术，并在杨某进修回来以后委以重任。双方约定杨某出国进修的一切费用由药厂承担，杨某需再为药厂服务五年。但是两年后，杨某以劳动合同到期为由提出解约，准备转投另一家待遇更好的公司。制药厂称杨某还有三年的服务期，不同意其辞职，为此，双方争执不下。在服务期和劳动合同发生冲突时，我国法律是如何规定的？

本案中，杨某是签订合同在先，约定服务期在后，公司在派其进修前应考虑到合同是否续约的问题。服务期是用人单位以给予一定培训费用为代价，要求接受培训对价的员工为用人单位提供相应服务的约定。签订服务期协议后，员工为公司服务的期限就不仅仅受劳动合同期限约束，也受服务期协议期限的约束。如果要在服务期内提前离职，就会承担相应的违约责任。根据《劳动合同法实施条例》第十七条的规定，劳动合同期满，服务期尚未到期的，劳动合同应当续延至服务期满。所以，双方在签订服务协议时，并未对劳动合同期满如何解决的问题有任何约定，杨某要么与公司续签劳动合同，要么承担违约责任。

◆ 法律条文

《中华人民共和国劳动合同法实施条例》

第十七条 劳动合同期满，但是用人单位与劳动者依照劳动合同法第二十二条的规定约定的服务期尚未到期的，劳动合同应当续延至服务期满；双方另有约定的，从其约定。

深度解析

《劳动合同法实施条例》第十七条对劳动合同和服务期的关系进行了明确规定。服务期是用人单位以给予一定培训费用为代价，要求劳动者给予一定时间的服务，如在约定时间内离职需要交违约金。对于劳动合同期满，服务期尚未到期的，劳动合同应当续延至服务期满。

劳动合同期限不同于服务期，劳动合同期限是《劳动合同法》规定的劳动合同必备条款，服务期则不是劳动合同必备条款。服务期不一定与劳动合同期一致，服务期可能短于劳动合同期限，也可能等于或长于劳动合同期限。如果服务期短于劳动合同期限，并不会影响双方原来劳动合同的履行。如果服务期长于劳动合同期限，劳动合同期满而服务期尚未到期的，劳动合同应当续延至服务期满，也就是要优先适用服务期约定。当然，双方当事人也可以另行约定，如约定即使服务期长于劳动合同期限，也以劳动合同期限为准。

21. 劳动者在试用期内如果单方面解除合同，需要提前几天通知用人单位？

◆ 案例分析

李某与一家公司签订了为期五年的劳动合同，试用期为三个月。但是天有不测风云，在试用期还有一个月就到期的时候，李某的妈妈中风住院了，需要李某日夜照顾。李某认为母亲的病一时半会儿也好不了，自己实在没有精力工作，就递交了辞职申请。五天过去了，公司一直没有回信。李某前去询问，公司称其辞职事出突然，需要等招录到新人才可为其办理离职。请问公司的做法是否合法？

根据《劳动合同法实施条例》第十八条第三项的规定，依照劳动合同法规定的条件、程序，劳动者可以与用人单位解除固定期限劳动合同、无固定期限劳动合同或者以完成一定工作任务为期限的劳动合同，劳动者在试用期内提前3日通知用人单位。因此本案中，在李某递交辞职申请后，公司以招录新人后才为其办理辞职的做法是错误的。由于李某处于试用期，只要提前3日通知公司，就可以解除合同，公司应该为李某办理离职手续。

◆ 法律条文

《中华人民共和国劳动合同法实施条例》

第十八条 有下列情形之一的，依照劳动合同法规定的条件、程序，劳动者可以与用人单位解除固定期限劳动合同、无固定期限劳动合同或者以完成一定工作任务为期限的劳动合同：

……

（三）劳动者在试用期内提前3日通知用人单位的；

……

深度解析

劳动者辞职应依照《劳动合同法》规定的条件、程序，解除与单位的劳动合同，用人单位也应按照《劳动合同法》规定的条件、程序为劳动者办理离职手续。这样的规定，一方面是为了保护试用期劳动者快速离职的权益，另一方面也为用人单位留出了招聘新人的时间。

22. 劳动者在服务期内解除合同的，用人单位可以要求劳动者支付违约金吗？

◆ 案例分析

张某与公司签订了为期三年的劳动合同后，被公司派遣到外国培训，双方又约定服务期五年。由于工作需要，第二年的时候张某需要进入工厂进行技术指导。因为是化工厂，根据合同公司需要为张某提供一定的劳动保护措施。张某几次向公司申请都没有得到满足，一气之下就与公司解除了劳动合同。公司以张某服务期未满就辞职为由，要求其承担违约责任。请问公司的做法合法吗？

因单位不根据合同提供劳动保护而解除劳动合同，对于没结束的服务期，公司要求支付违约金的，张某完全不用担心，在这种情况下他不需要支付违约金。根据《劳动合同法实施条例》第二十六条第一款的规定，用人单位与劳动者约定了服务期，劳动者依照劳动合同法第三十八条的规定解除劳动合同的，不属于违反服务期的约定，用人单位不得要求劳动者支付违约金。张某的情况即因单位不提供劳动保护而解除劳动合同，就是劳动合同法第三十八条规定的情况，所以张某依法并没有违反服务期约定，不用向用人单位支付违约金。

◆ 法律条文

《中华人民共和国劳动合同法实施条例》

第二十六条第一款 用人单位与劳动者约定了服务期，劳动者依照劳动合同法第三十八条的规定解除劳动合同的，不属于违反服务期的约定，用人单位不得要求劳动者支付违约金。

《中华人民共和国劳动合同法》

第三十八条 用人单位有下列情形之一的，劳动者可以解除劳动合同：

（一）未按照劳动合同约定提供劳动保护或者劳动条件的；

……

深度解析

对劳动者提出解除劳动合同的，应当区分情形对待。当出现《劳动合同法》第三十八条的情形时，劳动者可以解除劳动合同，不视为违反服务期的约定。因为这些情形都是用人单位违反规定造成了劳动者合法权益的损害，在这些情形下，法律赋予了劳动者随时解除劳动合同的权利。

23. 因营私舞弊被解聘的，劳动者需要对其未完毕的服务期承担责任吗?

◆ 案例分析

吴某是一家广告公司的业务总监，因为不满公司的薪资待遇，就和竞争公司约定由吴某向公司提供虚假的市场数据，将真实的数据提供给竞争对手，帮助其中标，事成之后给予吴某一定的报酬。就这样，吴某利用职务之便，提供虚假数据，弄虚作假，导致公司几次投标都未成功，损失严重。后来，公司在发现吴某的行为后，和吴某解除了劳动合同。请问公司可以要求吴某承担违约责任，支付违约金吗？

根据《劳动合同法实施条例》第二十六条第二款的规定，劳动者严重失职，营私舞弊，给用人单位造成重大损害的，用人单位与劳动者解除约定服务期的劳动合同的，劳动者应当按照劳动合同的约定向用人单位支付违约金。本案中，吴某利用职务之便，向公司提供虚假数据，将商业机密提供给竞争对手，为自己谋取私利的弄虚作假的行为属于典型的营私舞弊行为。同时，吴某的行为导致公司损失惨重，因而公司可以依法解除与吴某的合同，并可以要求其支付违约金。

◆ 法律条文

《中华人民共和国劳动合同法实施条例》

第二十六条第二款 有下列情形之一，用人单位与劳动者解除约定服务期的劳动合同的，劳动者应当按照劳动合同的约定向用人单位支付违约金：

……

（二）劳动者严重失职，营私舞弊，给用人单位造成重大损害的；

……

深度解析

对于用人单位因劳动者存在过失而单方解除劳动合同的情形，应视为劳动者违反了服务期的约定，在这种情况下，劳动者应当向用人单位支付违约金。因此，劳动者必须依法依约履行自己在劳动过程中应该履行的义务，绝不可弄虚作假、营私舞弊。

第四章
工资法律知识

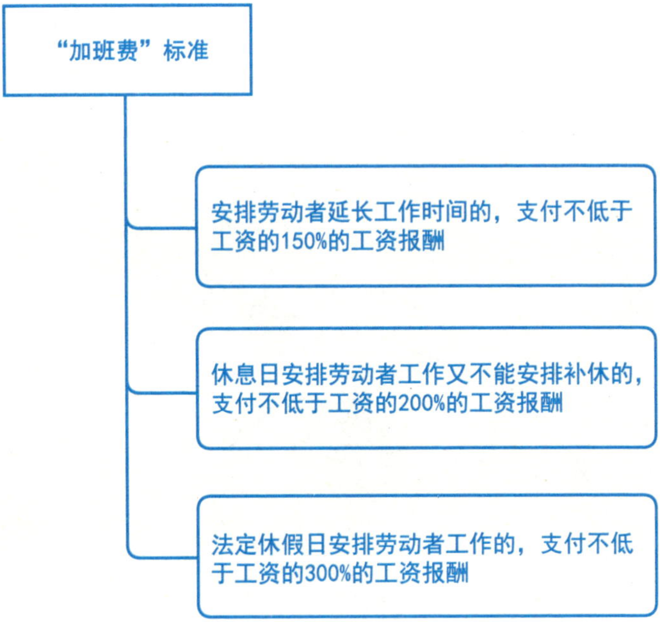
“加班费”标准
安排劳动者延长工作时间的，支付不低于工资的150%的工资报酬
休息日安排劳动者工作又不能安排补休的，支付不低于工资的200%的工资报酬
法定休假日安排劳动者工作的，支付不低于工资的300%的工资报酬

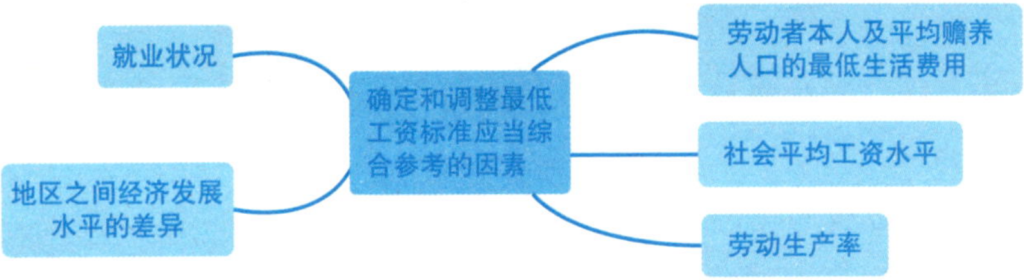
确定和调整最低工资标准应当综合参考的因素
就业状况
地区之间经济发展水平的差异
劳动者本人及平均赡养人口的最低生活费用
社会平均工资水平
劳动生产率

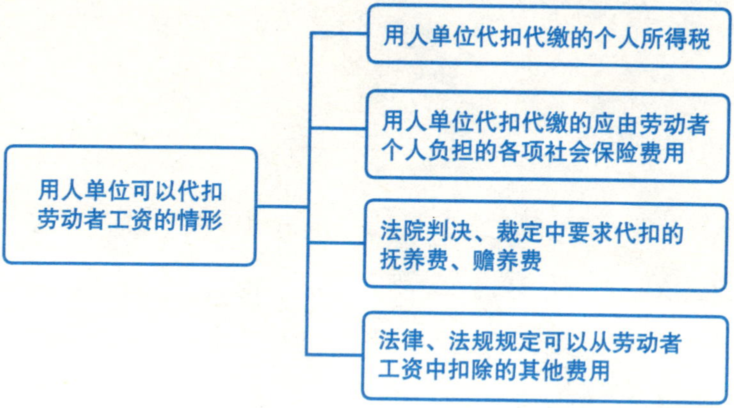
用人单位可以代扣劳动者工资的情形
用人单位代扣代缴的个人所得税
用人单位代扣代缴的应由劳动者个人负担的各项社会保险费用
法院判决、裁定中要求代扣的抚养费、赡养费
法律、法规规定可以从劳动者工资中扣除的其他费用

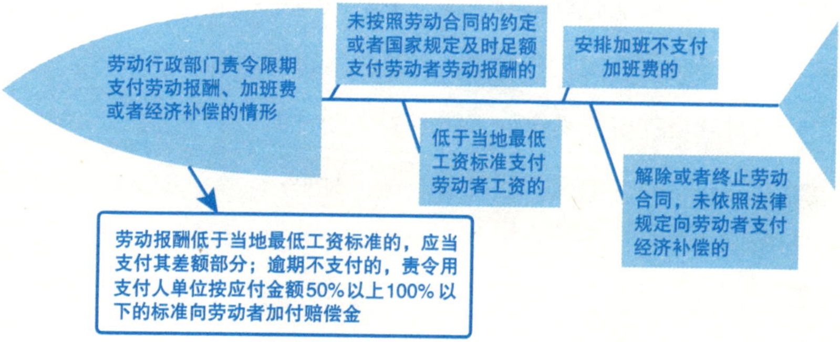
劳动行政部门责令限期支付劳动报酬、加班费或者经济补偿的情形
未按照劳动合同的约定或者国家规定及时足额支付劳动者劳动报酬的
安排加班不支付加班费的
低于当地最低工资标准支付劳动者工资的
解除或者终止劳动合同，未依照法律规定向劳动者支付经济补偿的
劳动报酬低于当地最低工资标准的，应当支付其差额部分；逾期不支付的，责令用支付人单位按应付金额50%以上100%以下的标准向劳动者加付赔偿金

24. 如果劳动合同中没有对劳动报酬进行明确规定该怎么办?

◆ 案例分析

钱某原本是某国有企业的员工，其退休后被当地的一家私企聘请担当该企业的经营副总。因为是朋友介绍的，所以当钱某发现在合同中没有约定明确的劳动报酬时，也没有多问。工作三个月后，钱某觉得自己的工资比同一职位的人都低，而且三个月来没有变动，似乎没有给他涨工资的意思，而且有些职位没有自己高的人工资比自己高，钱某心里很不平衡，于是他向相关人员反映了这个问题，希望提高自己的工资待遇。但是钱某得到的解释是其他人在订立合同时就将工资标准定好了，因为他没定所以只能按照公司的工资标准发放工资。那么，该私企的做法对吗?

根据《劳动合同法》第十八条的规定，劳动合同对劳动报酬和劳动条件等标准约定不明确，引发争议的，用人单位与劳动者可以重新协商；协商不成的，适用集体合同规定；没有集体合同或者集体合同未规定劳动报酬的，实行同工同酬；没有集体合同或者集体合同未规定劳动条件等标准的，适用国家有关规定。具体到本案，由于钱某与用人单位签订的劳动合同没有明确约定劳动报酬，因此，当钱某对自己的工资有异议时，可以和用人单位协商确定工资标准。如果协商不成的，在公司与员工签有集体合同的情况下，则钱某的报酬可按集体合同的标准执行；如果公司未与员工签订集体合同，则实行同工同酬，即钱某与公司内从事相同劳动、付出等量时间且取得相同劳动成绩的劳动者，应获得同等的劳动报酬。

◆ 法律条文

《中华人民共和国劳动合同法》

第十八条　劳动合同对劳动报酬和劳动条件等标准约定不明确，引发争议的，用人单位与劳动者可以重新协商；协商不成的，适用集体合同规定；没有集体合同或者集体合同未规定劳动报酬的，实行同工同酬；没有集体合同或者集体合同未规定劳动条件等标准的，适用国家有关规定。

第五十五条　集体合同中劳动报酬和劳动条件等标准不得低于当地人民政府规定的最低标准；用人单位与劳动者订立的劳动合同中劳动报酬和劳动条件等标准不得低于集体合同规定的标准。

深度解析

在现实生活中，有些用人单位为了招到自己需要的劳动者，在劳动合同中将工资定得很高，等劳动者进入工作岗位后才发现，劳动合同中约定的工资不是标准工资，而是总的收入，包含了加班费、奖金等。劳动合同中约定的应该是标准工资，指正常工作时间内的正常劳动应得的报酬，是个定数，而不包括加班工资、效益工资和奖金等内容。为了保护自己的权益，劳动者在订立劳动合同时，约定的劳动报酬一定要明确、详细。明确约定劳动报酬要求双方应当在劳动合同中明确劳动报酬的种类、金额、支付方式、支付时间以及拖欠劳动报酬的法律后果等相关内容。

25. 国家规定的福利待遇包括在最低工资标准里面吗？

◆ 案例分析

去年 12 月，郑某经朋友介绍来到某市一家工厂工作。因为郑某有力气，工作又勤恳，所以其受到了领导和同事们的一致好评。但是有一次郑某无意间看到了单位近期的工资表，发现身边的同事工资都比自己要高。郑某觉得自己的劳动和工资不成比例，所以要求单位给自己提高工资待遇。但是单位的相关负责人认为，郑某的工资在他刚来时就在合同中作出了明确约定，而且郑某的基本工资、加班费、社保、职工福利等合计已经超过当地的最低工资标准，因此拒绝了郑某的请求。那么，该厂的说法正确吗？国家规定的福利待遇应该包括在最低工资标准里面吗？

本案中，该厂的说法是不正确的，国家规定的福利待遇不能算在最低工资里。最低工资标准是指劳动者在法定工作时间内，提供了正常劳动的前提下，用人单位支付给劳动者的最低劳动报酬。常见的加班费、在特殊条件下工作的津贴，还有劳动者的福利待遇等都不能包括在最低工资标准里。国家规定最低工资标准，是为了使劳动者所得工资能够维持基本的生活需要，这是强制性规定。本案中，该厂与郑某虽然以合同的形式对此进行了规定，但是该合同违反了法律的强制性规定，是无效的。该厂应当将加班费、福利待遇等从工资中扣除，低于最低工资标准的部分要补发给郑某，并支付赔偿金。

◆ 法律条文

《最低工资规定》

第十二条 在劳动者提供正常劳动的情况下，用人单位应支付给劳动者的工资在剔除下列各项以后，不得低于当地最低工资标准：

（一）延长工作时间工资；

（二）中班、夜班、高温、低温、井下、有毒有害等特殊工作环境、条件下的津贴；

（三）法律、法规和国家规定的劳动者福利待遇等。

实行计件工资或提成工资等工资形式的用人单位，在科学合理的劳动定额基础上，其支付劳动者的工资不得低于相应的最低工资标准。

劳动者由于本人原因造成在法定工作时间内或依法签订的劳动合同约定的工作时间内未提供正常劳动的，不适用于本条规定。

深度解析

劳动者在法定或者约定的工作时间内，向用人单位提供了正常的劳动，其就有权获得一定的劳动报酬。为了保障劳动者的合法权益，法律规定了最低工资标准，同时明确了最低工资标准的排除事项，即加班工资、特殊工作的津贴、劳动者依法应得的福利待遇等。

26. 用人单位可以因为劳动者拒绝加班而扣发其工资吗？

◆ 案例分析

周某是某钢厂的职工，两个月前，该钢厂接到一批订单，数额很大，时间要求很紧。厂里为了能够按时完成订单便要求全体员工每天加班三个小时。周某因为近期家中有事不能加班，就向厂里领导提出了申请，想按时下班回家，可是相关领导以既然在厂里工作就要遵守相应的政策为由拒绝了周某的请求，但是因为周某挂念家中之事还是下班就离开了。之后，厂里以周某私自下班为由扣发了周某的工资，那么，该厂的做法正确吗？

劳动者拒绝加班，用人单位不能因此扣发职工的工资。该厂的做法违反了《劳动合同法》第三十一条的规定，用人单位要严格地执行劳动定额标准，不能随意安排加班。如果确实有必要安排加班，要与职工协商，并且支付相应的加班费。本案中，该钢厂以劳动者不加班为由，扣发了其工资的做法属于以强迫的手段使工人加班，应认定为违法行为。

◆ 法律条文

《中华人民共和国劳动合同法》

第三十一条　用人单位应当严格执行劳动定额标准，不得强迫或者变相强迫劳动者加班。用人单位安排加班的，应当按照国家有关规定向劳动者支付加班费。

《中华人民共和国劳动法》

第四十一条 用人单位由于生产经营需要，经与工会和劳动者协商后可以延长工作时间，一般每日不得超过一小时；因特殊原因需要延长工作时间的，在保障劳动者身体健康的条件下延长工作时间每日不得超过三小时，但是每月不得超过三十六小时。

深度解析

加班是指劳动者在规定的工作时间外继续工作，依据法律规定，用人单位不得强迫或者变相强迫劳动者加班，用人单位安排加班的，应按照规定向劳动者支付报酬。该规定包括三层意思：第一，用人单位不得强迫劳动者加班，应严格实行劳动者八小时工作制，规定法定节假日、年休假和职工探亲假等休假制度，严格限制加班时间；第二，用人单位不得变相强迫劳动者加班；第三，用人单位安排劳动者加班的，应当支付其加班费。标准工作时间以外延长劳动者工作时间和休息日、法定休假日安排劳动者工作，都占用了劳动者的休息时间，都应当严格加以限制，高于正常工作时间支付工资报酬即国家采取的一种限制措施。

27. 用人单位拖欠劳动者工资的，应该对劳动者进行赔偿吗？

◆ 案例分析

王某是某单位的一名普通员工，从去年 3 月起，该单位因效益不好，一直按照 70% 的比例向员工发放工资，剩余的工资至今没有发放。王某的幼子小强生病住院需要大笔的医药费，王某曾多次找到相关领导希望补发拖欠的工资，但是单位领导都以各种理由拒绝了。无奈之下，王某只得将该单位告上法庭，要求该单位发放拖欠自己的剩余工资并且补偿自己的相应损失。那么，王某的主张正确吗？用人单位拖欠劳动者工资的，应该对劳动者进行赔偿吗？

王某的要求是合理的，公司应该就拖欠工资的行为进行赔偿。我国实行按劳分配的原则，付出了多少劳动，就应该得到多少回报，这是法定的权利。对于被拖欠的工资，按数支付，这是自然的。此外，劳动者依法取得报酬的权利受到侵犯，按规定也应该得到赔偿。本案中，该公司一直扣押王某的工资，无论基于什么理由都是不能免责的。该公司除了需将拖欠的工资原数发放之外，还应该为侵权行为承担责任，对王某作出一定的赔偿。

◆ 法律条文

《中华人民共和国劳动合同法》

第八十五条 用人单位有下列情形之一的，由劳动行政部门责令限期支付劳动报酬、加班费或者经济补偿；劳动报酬低于当地最低工资标准的，应当支付其差额部分；逾期不支付的，责令用人单位按应付金额百分之五十以上百分之一百以下的标准向劳动者加付赔偿金：

（一）未按照劳动合同的约定或者国家规定及时足额支付劳动者劳动报酬的；

（二）低于当地最低工资标准支付劳动者工资的；

（三）安排加班不支付加班费的；

（四）解除或者终止劳动合同，未依照本法规定向劳动者支付经济补偿的。

《工资支付暂行规定》

第十八条 各级劳动行政部门有权监察用人单位工资支付的情况。用人单位有下列侵害劳动者合法权益行为的，由劳动行政部门责令其支付劳动者工资和经济补偿，并可责令其支付赔偿金：

（一）克扣或者无故拖欠劳动者工资的；

（二）拒不支付劳动者延长工作时间工资的；

（三）低于当地最低工资标准支付劳动者工资的。

经济补偿和赔偿金的标准，按国家有关规定执行。

深度解析

依照劳动合同的约定或者依照《劳动合同法》规定支付劳动者劳动报酬是用人单位的法定义务，如果没有依法或者依据合同的约定履行这一法定义务，就要依法承担相应的法律责任。用人单位违反这一义务一般包括四种情形：第一，用人单位未按时支付劳动报酬的；第二，用人单位未足额支付劳动报酬的；第三，用人单位支付在试用期间的劳动者工资低于《劳动合同法》规定的；第四，用人单位没有依法提高劳动者在服务期间的劳动报酬的。

28. 非全日制用工的薪酬应如何计算?

◆ 案例分析

林某在几年前与丈夫郭某离婚了，离婚后林某独自带着女儿妍妍生活。2019 年秋，妍妍被检查出患有先天性心脏病，于是林某带着女儿到北京治病。为了多赚一点钱，林某到当地某家政公司工作，并且签订了非全日制劳动合同，但合同约定薪酬按照小时计算。那么，该家政公司的做法符合法律的规定吗？非全日制用工薪酬可以按照小时计算吗？

林某的工作形式属于非全日制用工，公司可以按小时计算薪酬。非全日制用工，是指以小时工资计酬为主，劳动者在同一用人单位一般平均每日工作时间不超过 4 小时，每周工作时间累计不超过 24 小时的用工形式。按照《劳动合同法》第六十八条的规定，非全日制用工以小时计酬为主，但也不排除其他合理的计算方式。尽管是按小时计酬，但是每小时的酬金不能低于用人单位所在地人民政府规定的最低小时工资标准。本案中，由于该家政公司与林某签订的是非全日制劳动合同，因此按照小时给林某计算工资是合法的。

◆ 法律条文

《中华人民共和国劳动合同法》

第六十八条 非全日制用工，是指以小时计酬为主，劳动者在同一用人单位一般平均每日工作时间不超过四小时，每周工作时间累计不超过二十四小时的用工形式。

第七十二条　非全日制用工小时计酬标准不得低于用人单位所在地人民政府规定的最低小时工资标准。

非全日制用工劳动报酬结算支付周期最长不得超过十五日。

深度解析

非全日制用工是灵活就业的一种重要形式。非全日制用工劳动报酬结算周期最长不得超过十五日，即用人单位可以按小时、按日或者按周结算并支付非全日制用工的劳动报酬，但结算支付劳动报酬的最长期限不得超过十五日，否则就是拖欠工资的行为。非全日制用工的用人单位应当按时足额支付非全日制劳动者的工资，用人单位支付非全日制劳动者的小时工资不得低于用人单位所在地人民政府规定的小时最低工资标准。

29. 劳动合同中工资的支付标准是应当参照公司注册地还是实际上班地呢?

◆ 案例分析

2019年9月，吴某应聘到某国有企业上班，该国有企业的注册地在北京，而吴某的实际工作地在石家庄，因为两地工资的支付标准不一样，吴某的工资一直按照石家庄的标准发放。为此他多次向相关部门反映，希望能够按照北京的工资标准来发放工资。那么，吴某的想法可行吗？劳动合同中的工资支付标准应当参照公司注册地还是实际上班地呢？

该公司的做法是正确的。根据《劳动合同法实施条例》第十四条规定："劳动合同履行地与用人单位注册地不一致的，有关劳动者的最低工资标准、劳动保护、劳动条件、职业危害防护和本地区上年度职工月平均工资标准等事项，按照劳动合同履行地的有关规定执行；用人单位注册地的有关标准高于劳动合同履行地的有关标准，且用人单位与劳动者约定按照用人单位注册地的有关规定执行的，从其约定。"本案中，吴某与单位并没有约定按照用人单位注册地的标准发放工资，因此，单位按照实际工作地的标准给吴某发放工资等待遇的做法符合法律规定。

◆ 法律条文

《中华人民共和国劳动合同法实施条例》

第十四条　劳动合同履行地与用人单位注册地不一致的，有关劳动者的最低工资标准、劳动保护、劳动条件、职业危害防护和本地区上年度职工月平均工资标准等事项，按照劳动合同履行地的有关规定执行；用人单位注册地的有关标准高于劳动合同履行地的有关标准，且用人单位与劳动者约定按照用人单位注册地的有关规定执行的，从其约定。

深度解析

我国法律明确规定，劳动者在劳动合同履行地执行劳动任务的，其享有的合法权益在双方没有约定的情况下一般按照劳动合同履行地的规定执行。这主要是出于两方面因素的考虑：一是鉴于劳动者是在劳动合同履行地提供劳动的，劳动合同履行地的自然条件、工作环境、经济发展水平、物价水平等与劳动者提供劳动的过程息息相关；二是为了体现公平原则，在维护劳动者合法权益的同时也要兼顾用人单位的利益。

30. 用人单位能否以实物抵充工资?

◆ 案例分析

杨某是某市一家毛纺织厂的职工，她与该厂签订了五年的劳动合同。刚开始还好，但最近两年厂里的经济效益一直在下降。今年3月，到了发工资的时候，厂里突然召开大会，向员工们宣布，由于厂里经济效益差，很多毛线卖不出去，资金周转困难，工资暂时无法发放，所以厂里决定以滞销的毛线抵充工资。为了稳定职工的情绪，厂里在计算毛线价格时给员工们打八折，也就是员工们实际领取的毛线价值为工资额的120%。即便如此，杨某对此仍然有很大的意见，因为她的工资本来就只有1000元，只能勉强维持生活，现在居然连工资都不发了，发一堆卖不出去的毛线有什么用？厂里让员工们自己去卖，可大家都有毛线去哪里卖呀?！那么，像毛纺织厂这样用实物抵充工资的行为合法吗？

我国《劳动法》第三条第一款规定：“劳动者享有平等就业和选择职业的权利、取得劳动报酬的权利、休息休假的权利、获得劳动卫生安全保护的权利、接受职业技能培训的权利、享受社会保险和福利的权利、提请劳动争议处理的权利以及法律规定的其他劳动权利。”据此，劳动者享有获得劳动报酬的权利。用人单位应当依据《劳动法》规定的形式支付劳动者的劳动报酬。而我国《工资支付暂行规定》第五条明确规定：“工资应当以法定货币支付。不得以实物或有价证券替代货币支付。”根据规定，用人单位应当在合法的分配工资方式下，以货币的形式支付给劳动者工资，而不得以实物或其他形式来代替工资。案例中毛纺织厂不给职工们发工资，而以滞销的毛线代替工资发放给职工，这种行为侵犯了劳动者的劳动报酬权，是典型的违法行为。因此，杨某可以与厂里协商，要求厂里以货币的形式发工资。如果毛纺织厂不发工资，杨某也可以向劳动行政部门申请调解或直接向劳动争议仲裁委员会申请仲裁。

◆ 法律条文

《中华人民共和国劳动法》

第三条 劳动者享有平等就业和选择职业的权利、取得劳动报酬的权利、休息休假的权利、获得劳动安全卫生保护的权利、接受职业技能培训的权利、享受社会保险和福利的权利、提请劳动争议处理的权利以及法律规定的其他劳动权利。

劳动者应当完成劳动任务，提高职业技能，执行劳动安全卫生规程，遵守劳动纪律和职业道德。

《工资支付暂行规定》

第五条 工资应当以法定货币支付。不得以实物及有价证券替代货币支付。

深度解析

工资是劳动者付出劳动的报酬，是他们生活的基本保证。法律规定要以货币形式支付劳动者的工资，不仅是由于货币是商品市场的流通手段和支付手段，而且能保证劳动者真正实现按劳分配，而实物则无法实现货币的职能和作用。在实际工作中，一些企业可能会遇到各种困难，但是，不管是什么情况，都必须按照法律规定，以货币形式支付劳动者工资，任何理由和借口都是不成立的，都是违反法律规定的。

31. 用人单位能否因职工身有残疾而不实行同工同酬？

◆ 案例分析

2019 年 6 月，刘某和汪某等三人一起进入某市的一家纺织厂工作，成为该厂的职工，从事相同岗位的工作。由于是朋友介绍，他们就没有签订劳动合同，也没约定工资数额。到 2019 年 7 月初发工资时，刘某发现自己的工资比汪某等人少 200 元。刘某想，自己认真工作，没请假也没迟到、早退，为什么工资就少了呢？于是他找到相关负责人询问原因。相关负责人告诉他，因为他残疾，行动不便，工资应当稍少于汪某等人。原来刘某小时候得过小儿麻痹症，留下右腿的残疾，走路有点跛脚。刘某对此很不服气，他虽有残疾，但这并不影响他从事现在的工作，自己干得既不比汪某等人少，也不比汪某等人差，工资应该和他们一样，厂里不能这样歧视人！那么，用人单位能否因职工身有残疾而不实行同工同酬？

我国《劳动法》第四十六条第一款规定："工资分配应当遵循按劳分配原则，实行同工同酬。"也就是说，法律禁止在工资分配中对职工的性别歧视和其他与身份相关的歧视，保障所有的职工有平等的工资权。

本案中的刘某是与汪某等人同一批进厂的职工，从事相同岗位的工作。刘某虽有残疾但就其提供的劳动数量和质量而言与汪某等人没有什么区别。该厂应当按照同工同酬的原则给予刘某和汪某等人相同的工资待遇。该厂以刘某残疾为由发给刘某少于汪某等人的工资是违反法律规定的，是明显的工资分配中的歧视行为，侵犯了刘某在劳动报酬方面享有的平等权利。刘某可以到劳动保障部门申诉，以保障自己的合法权益。

◆ 法律条文

《中华人民共和国劳动法》

第四十六条 工资分配应当遵循按劳分配原则，实行同工同酬。

工资水平在经济发展的基础上逐步提高。国家对工资总量实行宏观调控。

深度解析

同工同酬是指用人单位对于从事相同工作、付出等量劳动且取得相同劳动业绩的劳动者，支付同等的劳动报酬，是劳动者工资分配中的一个重要原则。同工同酬必须具备三个条件：一是劳动者的工作岗位、工作内容相同；二是在相同的工作岗位上付出了与别人同样的劳动工作量；三是同样的劳动工作量取得了相同的工作业绩。

32. 劳动者在法定工作时间内参加社会活动，用人单位能否扣发劳动者工资？

◆ 案例分析

徐某是甲市某销售公司的一名员工。2019 年 9 月，他在乙市出差。在办事的途中，徐某看见一男子抢劫一女青年的挎包。于是徐某挺身而出，上前与歹徒搏斗，最终他与另一名男青年一起制伏了歹徒，并将歹徒扭送到当地公安机关。几天后，徐某办完事就回到甲市工作。11 月，徐某收到乙市某区法院的通知书，要求其于 11 月 25 日到该法院就其扭送歹徒的抢劫案出庭作证。徐某拿着通知找到公司经理请假，经理虽然同意徐某去作证，但说要扣除徐某作证期间的工资。徐某觉得公司这么做没有道理，于是多次找到经理协商，但经理的态度始终如此。时间快到了，徐某去乙市某区法院作了证。等他回来发现，公司果然扣发了他去作证期间的工资。徐某认为公司的做法侵犯了自己的合法权利，于是向当地劳动争议仲裁部门提出了申诉。

劳动者依法参加社会活动的权利是受法律保护的。我国《民事诉讼法》第七十二条第一款规定：“凡是知道案件情况的单位和个人，都有义务出庭作证。有关单位的负责人应当支持证人作证。”可见，出庭作证是公民应尽的义务。此外，我国《劳动法》规定，劳动者在法定工作时间内参加社会活动，应视为提供了正常劳动，用人单位应向劳动者支付工资。这里所讲的社会活动包括出任人民法院陪审员或者证明人。因此，案例中销售公司不能扣除徐某去乙市作证期间的工资。

◆ 法律条文

《中华人民共和国民事诉讼法》

第七十二条 凡是知道案件情况的单位和个人，都有义务出庭作证。有关单位的负责人应当支持证人作证。

不能正确表达意思的人，不能作证。

《中华人民共和国劳动法》

第五十一条 劳动者在法定休假日和婚丧假期间以及依法参加社会活动期间，用人单位应当依法支付工资。

深度解析

劳动者在法定休假日和婚丧假期间以及依法参加社会活动期间，应当享受正常的工资待遇。关于“法定休假日”“婚丧假”“依法参加活动”的界定具体如下：法定休假日，是指法律、法规规定的劳动者休假的时间，包括法定节日（即元旦、春节、国际劳动节、国庆节及其他节日）以及法定带薪休假。婚丧假，是指劳动者本人结婚以及其直系亲属死亡时依法享受的假期。依法参加社会活动是指：行使选举权；当选代表，出席政府、党派、工会、青年团、妇女联合会等组织召开的会议；担任人民法庭的人民陪审员、证明人、辩护人；出席劳动模范、先进工作者大会。

第五章
劳动保护法律知识

- 女职工产假期限
  - 生育
    - 享受98天产假，其中产前可以休假15天
      - 难产的，增加产假15天
      - 生育多胞胎的，每多生育1个婴儿，增加产假15天
  - 流产
    - 怀孕未满4个月流产的，享受15天产假
    - 怀孕满4个月流产的，享受42天产假

- 女职工禁忌从事的劳动范围
  - 矿山井下作业
  - 体力劳动强度分级标准中规定的第四级体力劳动强度的作业
  - 每小时负重6次以上、每次负重超过20公斤的作业，或者间断负重、每次负重超过25公斤的作业

- 女职工在孕期禁忌从事的劳动范围
  - 低温作业分级标准中规定的低温作业
  - 高温作业分级标准中规定的第三级、第四级的作业
  - 噪声作业分级标准中规定的第三级、第四级的作业
  - 体力劳动强度分级标准中规定的第三级、第四级体力劳动强度的作业
  - 在密闭空间、高压室作业或者潜水作业，伴有强烈振动的作业，或者需要频繁弯腰、攀高、下蹲的作业
  - 作业场所空气中铅及其化合物、汞及其化合物、苯、镉、铍、砷、氰化物、氮氧化物、一氧化碳、二硫化碳、氯、己内酰胺、氯丁二烯、氯乙烯、环氧乙烷、苯胺、甲醛等有毒物质浓度超过国家职业卫生标准的作业
  - 从事抗癌药物、己烯雌酚生产，接触麻醉剂气体等的作业
  - 非密封源放射性物质的操作，核事故与放射事故的应急处置
  - 高处作业分级标准中规定的高处作业
  - 冷水作业分级标准中规定的冷水作业

女职工在经期禁忌从事的劳动范围

- 冷水作业分级标准中规定的第二级、第三级、第四级冷水作业
- 低温作业分级标准中规定的第二级、第三级、第四级低温作业
- 体力劳动强度分级标准中规定的第三级、第四级体力劳动强度的作业
- 高处作业分级标准中规定的第三级、第四级高处作业

女职工在哺乳期禁忌从事的劳动范围

- 作业场所空气中锰、氟、溴、甲醇、有机磷化合物、有机氯化合物等有毒物质浓度超过国家职业卫生标准的作业
- 作业场所空气中铅及其化合物、汞及其化合物、苯、镉、铍、砷、氰化物、氮氧化物、一氧化碳、二硫化碳、氯、己内酰胺、氯丁二烯、氯乙烯、环氧乙烷、苯胺、甲醛等有毒物质浓度超过国家职业卫生标准的作业
- 非密封源放射性物质的操作，核事故与放射事故的应急处置
- 体力劳动强度分级标准中规定的第三级、第四级体力劳动强度的作业

劳动者享有的职业卫生保护权利

- 要求用人单位提供符合防治职业病要求的职业病防护设施和个人使用的职业病防护用品，改善工作条件
- 对违反职业病防治法律、法规以及危及生命健康的行为提出批评、检举和控告
- 拒绝违章指挥和强令进行没有职业病防护措施的作业
- 参与用人单位职业卫生工作的民主管理，对职业病防治工作提出意见和建议
- 获得职业卫生教育、培训
- 获得职业健康检查、职业病诊疗、康复等职业病防治服务
- 了解工作场所产生或者可能产生的职业病危害因素、危害后果和应当采取的职业病防护措施

用人单位侵害劳动者人身权益

- 以暴力、威胁或者非法限制人身自由的手段强迫劳动的
- 违章指挥或者强令冒险作业危及劳动者人身安全的
- 侮辱、体罚、殴打、非法搜查或者拘禁劳动者的
- 劳动条件恶劣、环境污染严重，给劳动者身心健康造成严重损害的

用人单位有这些情形之一的，依法给予行政处罚；构成犯罪的，依法追究刑事责任；给劳动者造成损害的，应当承担赔偿责任

33. 对于处于经期的女职工提出特殊照顾的要求，单位是否要答应？

◆ 案例分析

华某刚到一家草坪绿化公司工作，主要任务是整日随队修整草坪。由于华某一向体质较弱，加上最近户外作业气温骤降，她感到身体不适，因此请了几天假休息。很不巧，紧接着华某的经期又提前了，她在外出作业中突感身体不适。但是，她不好意思在这时候又请假，因为最近任务紧，本来人手就不够，还天天加班加点地集体赶工，于是继续坚持工作。可是，由于天气寒冷，日均温低于0℃，后来身体实在坚持不住了，她便向主管请假，但主管以为她请假上瘾了，就没有批准。回家后她小腹疼痛难忍，睡不着觉，去医院检查，医生诊疗后告诉她是因为劳动强度大、过度劳累而引起痛经，让她注意休息，不能再受冻，否则会严重危害她的身体健康。第二天，华某拿着医生出具的诊断证明找到主管，希望可以请假或者暂时安排她到室内工作。但主管认为华某是因为嫌最近工作累，工作不积极，才以来月经为借口想要偷懒，因此不仅拒绝了她的请求还批评了她。华某担心自己的身体，实在害怕危害健康，但是又没有办法，不知道怎么办。请问处于经期的女职工能否请求单位给予特殊照顾？

处于经期的女职工可以请求单位给予特殊照顾。由于女职工在月经期、怀孕期、哺乳期生理功能较平时发生变化，我国法律规定女职工在三期内单位应给予特殊照顾。女职工在月经期自身免疫功能降低，应避免在经期从事高强度作业。因此，我国《劳动法》第六十条明确规定："不得安排女职工在经期从事高处、低温、冷水作业和国家规定的第三级体力劳动强度的劳动。"《女职工禁忌从事的劳动范围》第二条进一步明确："女职工在经期禁忌从事的劳动范围：（一）冷水作业分级标准中规定的第二级、第三级、第四级冷水作业；（二）低温作业分级标准中规定的第二级、第三级、第四级低温作业；（三）体力劳动强度分级标准①中规定的第三级、第四级体力劳动强度的作业；（四）高处作业分级标准中规定的第三级、第四级高处作业。"可见，法律是禁止用人单位安排女职工在经期进行超负荷作业的。

本案中，该草坪绿化公司在华某月经期间不顾她的身体健康，仍坚持要求她在户外超负荷作业，违反了法律的规定，华某有权拒绝单位安排的高强度作业。

◆ 法律条文

《中华人民共和国劳动法》

第六十条 不得安排女职工在经期从事高处、低温、冷水作业和国家规定的第三级体力劳动强度的劳动。

---

① 现行标准号为：GB 3869－1997。

《女职工禁忌从事的劳动范围》

二、女职工在经期禁忌从事的劳动范围：

（一）冷水作业分级标准中规定的第二级、第三级、第四级冷水作业；

（二）低温作业分级标准中规定的第二级、第三级、第四级低温作业；

（三）体力劳动强度分级标准中规定的第三级、第四级体力劳动强度的作业；

（四）高处作业分级标准中规定的第三级、第四级高处作业。

深度解析

女职工在经期从事高处、低温、冷水作业和国家规定的第三级、第四级体力劳动强度的劳动有损身体健康，因此，我国法律对此予以禁止。这里的“高处作业”指三级高处作业，即凡在坠落高度基准面15米至30米的高处进行的作业。“低温作业”指劳动生产过程中，其工作地点平均气温等于或低于5℃的作业。“冷水作业”指在劳动生产过程中，操作人员接触冷水温度等于或小于12℃的作业。第三级体力劳动强度的劳动指体力劳动强度大于20小于50的作业。

34. 女职工在孕期是否有权利申请调整劳动范围？

◆ 案例分析

陈某高中毕业后，经人介绍到橡胶厂工作，这份工作离家近，收入也能满足基本生活，所以一干就是几年。不过后来，陈某结了婚，不久，到医院检查时发现自己已有两个月身孕，医生建议她不要再从事有毒有害作业，以保证胎儿的健康发育。为了孩子能健康出生，陈某拿着医院的诊断证明及建议书，找到厂领导要求为她解决劳动保护的问题，调换工作岗位，却被领导拒绝。于是陈某未经领导同意就离开原来岗位，私自去协助后勤人员工作。厂领导认为陈某擅自离开工作岗位，于是决定解除与陈某的劳动合同。那么，女职工在孕期有权申请调整劳动范围吗？

劳动部颁发的《女职工禁忌从事的劳动范围》第三条规定了怀孕女职工禁忌从事的劳动范围，本案中，陈某的工作场所应为该条第一项规定的有毒物质浓度超标的环境，属于怀孕女职工禁忌从事的劳动范围。如果怀孕的妇女吸入过多有毒有害气体，易引发妊娠中毒症，也可能导致胎儿先天性缺陷，易致畸致残。同时，我国《劳动法》第二十九条规定，女职工在孕期、产假、哺乳期内的，用人单位不得依据《劳动法》第二十六条、第二十七条的规定解除劳动合同。此案中，陈某并没有《劳动法》第二十六条、第二十七条规定的用人单位可以解除劳动合同的情形。陈某自行调换工作岗位是维护自身合法权益的行为，应当予以支持。因而，该橡胶厂不能解除与陈某的劳动合同，还应当依据相关规定，为陈某重新安排其他劳动，调换工作岗位。橡胶厂无正当理由拒绝陈某合法请求的行为应当予以纠正。

◆ 法律条文

《女职工禁忌从事的劳动范围》

三、女职工在孕期禁忌从事的劳动范围：

（一）作业场所空气中铅及其化合物、汞及其化合物、苯、镉、铍、砷、氰化物、氮氧化物、一氧化碳、二硫化碳、氯、己内酰胺、氯丁二烯、氯乙烯、环氧乙烷、苯胺、甲醛等有毒物质浓度超过国家职业卫生标准的作业；

（二）从事抗癌药物、己烯雌酚生产，接触麻醉剂气体等的作业；

（三）非密封源放射性物质的操作，核事故与放射事故的应急处置；

（四）高处作业分级标准中规定的高处作业；

（五）冷水作业分级标准中规定的冷水作业；

（六）低温作业分级标准中规定的低温作业；

（七）高温作业分级标准中规定的第三级、第四级的作业；

（八）噪声作业分级标准中规定的第三级、第四级的作业；

（九）体力劳动强度分级标准中规定的第三级、第四级体力劳动强度的作业；

（十）在密闭空间、高压室作业或者潜水作业，伴有强烈振动的作业，或者需要频繁弯腰、攀高、下蹲的作业。

《中华人民共和国劳动法》

第二十九条 劳动者有下列情形之一的，用人单位不得依据本法第二十六条、第二十七条的规定解除劳动合同：

（一）患职业病或者因工负伤并被确认丧失或者部分丧失劳动能力的；

（二）患病或者负伤，在规定的医疗期内的；

（三）女职工在孕期、产期、哺乳期内的；

（四）法律、行政法规规定的其他情形。

深度解析

劳动者患职业病或因公负伤，经过劳动能力鉴定，必须达到确认丧失或部分丧失劳动能力的程度，用人单位才不得解除劳动合同。企业职工因患病或非因公负伤，需要停止工作医疗时，根据本人实际参加工作年限和在本单位工作年限，给予3个月到24个月的医疗期。女职工在孕期、产期、哺乳期时，用人单位也不得解除劳动合同。

35. 有害工作环境包括哪些情况?

◆ 案例分析

中专毕业的田某在一家机械制造厂工作，机器轰鸣，而该厂并未采取恰当的防噪声措施。由于长期在厂里工作，后来田某发现自己听力严重下降，到医院检查才得知，自己的情况属于职业病，是因为工作中厂里没有采取恰当的防护措施，工作环境噪声太大，致使自己耳膜受损，听力下降。田某这才意识到问题严重，这里的工作环境已经在影响自己的身心健康。于是，他拿着医院的诊断证明和建议书，要求厂里给予工伤保险待遇，并建议在厂内普及预防知识、增设相关防护设备。该机械制造厂的工作环境是否属于有害工作环境？究竟什么是有害的工作环境呢？

有害工作环境是指劳动者在进行生产活动时，有害于身体健康的环境空间的总称。有害工作环境一般是指高温、高寒、井下、剧毒、高噪声、高浓粉尘、振动、强辐射等工作环境和场所。劳动者在这种环境下生产、劳动，如果超过一定限度，并且持续到一定时间，就可能产生不同的有害后果。比如，有害因素会引起身体外表的改变，如皮肤色素沉着等；有害因素会降低对一般疾病的抵抗能力，出现患病率增高的情况；有害因素造成特定的功能性和器质性病理改变，引起职业病等。为了防止职工在这些有害工作环境下受到伤害，我国的《职业病防治法》以及其他的法律法规对职业病的防治、鉴定和用人单位的责任作出了明确的规定。劳动者一旦在有害的工作环境下患有职业病就可以享受工伤保险待遇。本案中田某是因为在有害的工作环境下所遭受的听力下降，属于法定的职业病情形，应该享受工伤保险待遇。

◆ 法律条文

《中华人民共和国职业病防治法》

第二条第二款 本法所称职业病，是指企业、事业单位和个体经济组织等用人单位的劳动者在职业活动中，因接触粉尘、放射性物质和其他有毒、有害因素而引起的疾病。

第三十四条第二款 用人单位应当对劳动者进行上岗前的职业卫生培训和在岗期间的定期职业卫生培训，普及职业卫生知识，督促劳动者遵守职业病防治法律、法规、规章和操作规程，指导劳动者正确使用职业病防护设备和个人使用的职业病防护用品。

深度解析

职业病的患病主体必须是企业、事业单位或者个体经济组织等用人单位的劳动者；职业病必须是在从事职业活动的过程中产生的；必须是接触粉尘、放射性物质和其他有毒、有害物质等职业病危害因素而引起的；必须是国家公布的职业病分类和目录所列的职业病。

36. 哪些工作岗位可能造成职业病?

◆ 案例分析

唐某从事厨师工作十几年，是行内公认的著名厨师。由于平时工作很累，没有时间去锻炼身体。最近，他感觉身体大不如以前，经常性四肢僵硬、酸痛，并且这些症状越发明显。唐某认为自己向来身体健康，平时也没有干过别的活，可能是工作造成这样的状况，应该是职业病，于是到省职业病防治院诊断。经检查，他被诊断为职业性肌肉骨骼伤病。唐某找到酒店老板，拿出医院的诊断证明，说明自己的情况属于职业病，要求享受工伤待遇。酒店老板苦笑道，干哪行没个毛病，干这行就是这样，酒店以前就有厨师和唐某有同样的情况。但是，酒店厨房的相关设备都是依法安置的，并没有什么疏漏，只能是唐某自己多注意些。酒店认为对于他这种情况，不能享受工伤待遇。那么，造成职业病的工作岗位主要有哪些呢?

造成职业病的工作岗位主要有以下几类：有毒行业；粉尘行业；产生细菌病的职业；产生皮肤感染病的行业；极度气温下工作的行业；在稀薄或高温大气中工作的职业；光线不适宜条件下工作的岗位；需要连续使用身体某个部位的职业；等等。本案中，唐某长期从事的厨师工作，是需要连续使用身体某个部位的职业，属于造成职业病的工作岗位。根据我国《职业病防治法》的规定，发生或可能发生急性职业病危害事故时，用人单位应当立即采取应急救援和控制措施，并及时报告所在地卫生行政部门和有关部门。卫生行政部门接到报告后，应当及时会同有关部门组织调查处理；必要时，可以采取临时控制措施。卫生行政部门应当组织做好医疗救治工作。对遭受或者可能遭受急性职业病危害的劳动者，用人单位应当及时组织救治，进行健康检查和医学观察，所需费用由用人单位承担。因此，酒店应对唐某的职业病承担责任。

◆ 法律条文

《中华人民共和国职业病防治法》

第二条第三款 职业病的分类和目录由国务院卫生行政部门会同国务院劳动保障行政部门制定、调整并公布。

第三十七条 发生或者可能发生急性职业病危害事故时，用人单位应当立即采取应急救援和控制措施，并及时报告所在地卫生行政部门和有关部门。卫生行政部门接到报告后，应当及时会同有关部门组织调查处理；必要时，可以采取临时控制措施。卫生行政部门应当组织做好医疗救治工作。

对遭受或者可能遭受急性职业病危害的劳动者，用人单位应当及时组织救治、进行健康检查和医学观察，所需费用由用人单位承担。

深度解析

根据经济发展水平并参考国际通行做法，我国列出对劳动者身体健康危害大的几类职业病，包括职业性尘肺病及其他呼吸系统疾病、职业性皮肤病、职业性眼病、职业性耳鼻喉口腔疾病、职业病化学中毒、物理原因所致职业病、职业性放射性疾病、职业性传染病、职业性肿瘤和其他职业病这几大类。

37. 职业病去哪儿诊断？

◆ 案例分析

贾某在一家化工厂工作，干了半年后，身体就经常不舒服，感到头晕，后来晕倒在厂里。同事将她送到医院，经检查，她是铅中毒，家人又将她转到省职业病防治院。和她在一起工作的人有一些也有不同程度的中毒症状，他们认为这是化工厂的环境所导致的，属于职业病，要求该化工厂支付医药费，可该化工厂并不承认这是职业病，拒绝支付他们的医药费。贾某等人决定申请职业病诊断，享受工伤保险待遇。那么，职业病诊断应由什么部门负责？

职业病诊断应当由取得《医疗机构执业许可证》的医疗卫生机构承担。劳动者可以在用人单位所在地或者本人户籍地、经常居住地依法承担职业病诊断的医疗卫生机构进行职业病诊断。从事职业病诊断的医疗卫生机构，应当具备以下条件：（1）持有《医疗机构执业许可证》；（2）具有与开展职业病诊断相适应的医疗卫生技术人员；（3）具有与开展职业病诊断相适应的仪器、设备；（4）具有健全的职业病诊断质量管理制度。劳动者在申请职业病诊断时应当提供：（1）职业史、既往史；（2）职业健康监护档案复印件；（3）职业健康检查结果；（4）工作场所历年职业病危害因素检测、评价资料；（5）诊断机构要求提供的其他必需的有关材料。用人单位和有关机构应当按照诊断机构的要求，如实提供必要的资料。没有职业病危害接触史或者健康检查没有发现异常的，诊断机构可以不予受理。本案中，贾某等人可以向当地经省卫生厅批准的医疗卫生机构申请职业病诊断。

◆ 法律条文

《中华人民共和国职业病防治法》

第四十三条　职业病诊断应当由取得《医疗机构执业许可证》的医疗卫生机构承担。卫生行政部门应当加强对职业病诊断工作的规范管理，具体管理办法由国务院卫生行政部门制定。

承担职业病诊断的医疗卫生机构还应当具备下列条件：

（一）具有与开展职业病诊断相适应的医疗卫生技术人员；

（二）具有与开展职业病诊断相适应的仪器、设备；

（三）具有健全的职业病诊断质量管理制度。

承担职业病诊断的医疗卫生机构不得拒绝劳动者进行职业病诊断的要求。

第四十四条　劳动者可以在用人单位所在地、本人户籍所在地或者经常居住地依法承担职业病诊断的医疗卫生机构进行职业病诊断。

深度解析

职业病诊断由取得《医疗机构执业许可证》的、具有职业病诊断条件并拥有一定数量的从事职业病诊断资格医师的医疗卫生机构承担。如果劳动者没有去依照有关规定确定的诊断机构进行鉴定的，所作的职业病诊断无效。职业病诊断鉴定费用由用人单位承担。

38. 办理职业病证明的手续是怎样的?

◆ 案例分析

荣某在一家玻璃厂工作，从事破碎、开压力机等工作，干了五年，那里的工作环境很差。最近他感觉身体不适，有咳嗽、胸闷等症状，开始以为是感冒。可后来，不但没见好，情况还更加严重了，经医院检查后，得知是尘肺病，即肺尘埃沉着病，病因是经常吸入生产性粉尘。他怀疑是工作引起的，因为工作环境中经常有粉尘，在工作中很容易吸入粉尘。但当地职业病诊断专业机构在诊断时，却给出了另外的答案。后经市级职业病诊断鉴定委员会鉴定确为尘肺病，但该玻璃厂对此并不承认。那么，荣某想要证明自己确实是因为该工作引起的职业病，从而向工厂申请享受工伤保险待遇，他应该办理什么手续?

职业病诊断应当由省级以上人民政府卫生行政部门批准的医疗卫生机构承担。劳动者可以在用人单位所在地或者本人居住地依法承担职业病诊断的医疗卫生机构进行职业病诊断。当事人对职业病诊断有异议的，可以向作出诊断的医疗卫生机构所在地地方人民政府卫生行政部门申请鉴定。职业病诊断争议由设区的市级地方人民政府卫生行政部门根据当事人的申请，组织职业病诊断鉴定委员会进行鉴定。当事人对设区的市级职业病诊断鉴定委员会的鉴定结论不服的，可以向省、自治区、直辖市人民政府卫生行政部门申请再鉴定。

在取得职业病证明后，职业病病人依法享受国家规定的职业病待遇。用人单位应当按照国家有关规定，安排职业病病人进行治疗、康复和定期检查。用人单位对不适宜继续从事原工作的职业病病人，应当调离原岗位，并妥善安置。用人单位对从事接触职业病危害的作业的劳动者，应当给予适当岗位津贴。职业病病人的诊疗、康复费用，伤残以及丧失劳动能力的职业病病人的社会保障，按照国家有关工伤社会保险的规定执行。职业病病人除依法享有工伤社会保险外，依照有关民事法律，还有获得赔偿的权利，有权向用人单位提出赔偿要求。劳动者被诊断患有职业病，但用人单位没有依法参加工伤社会保险的，他的医疗和生活保障由最后的用人单位承担；最后的用人单位有证据证明该职业病是先前用人单位的职业病危害造成的，由先前的用人单位承担。职业病病人变动工作单位，其依法享有的待遇不变。用人单位发生分立、合并、解散、破产等情形的，应当对从事接触职业病危害的作业的劳动者进行健康检查，并按照国家有关规定妥善安置职业病病人。

◆ 法律条文

《中华人民共和国职业病防治法》

第四十四条　劳动者可以在用人单位所在地、本人户籍所在地或者经常居住地依法承担职业病诊断的医疗卫生机构进行职业病诊断。

深度解析

为了规范职业病诊断与鉴定工作，加强职业病诊断和鉴定管理，县级以上地方人民政府卫生行政部门、劳动保障行政部门应依据各自的职责负责本行政区域内职业病防治的监督管理工作。职业病诊断机构的设置须适应职业病防治工作的实际需要，充分利用现有医疗卫生资源，实现区域全覆盖，并提供必要的保障条件。

第六章 五险一金法律知识

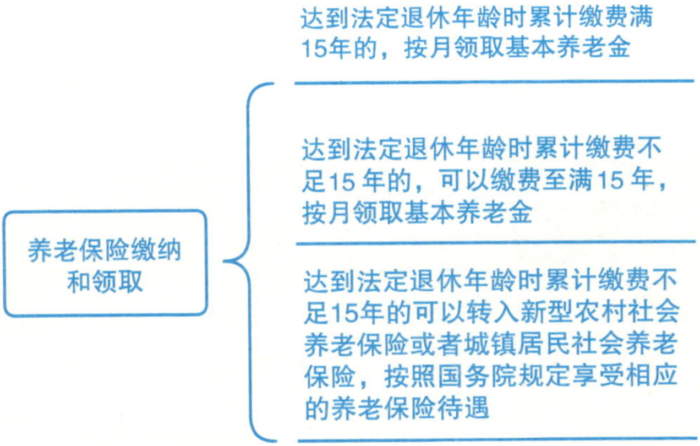
养老保险缴纳和领取
达到法定退休年龄时累计缴费满15年的，按月领取基本养老金
达到法定退休年龄时累计缴费不足15 年的，可以缴费至满15 年，按月领取基本养老金
达到法定退休年龄时累计缴费不足15年的可以转入新型农村社会养老保险或者城镇居民社会养老保险，按照国务院规定享受相应的养老保险待遇

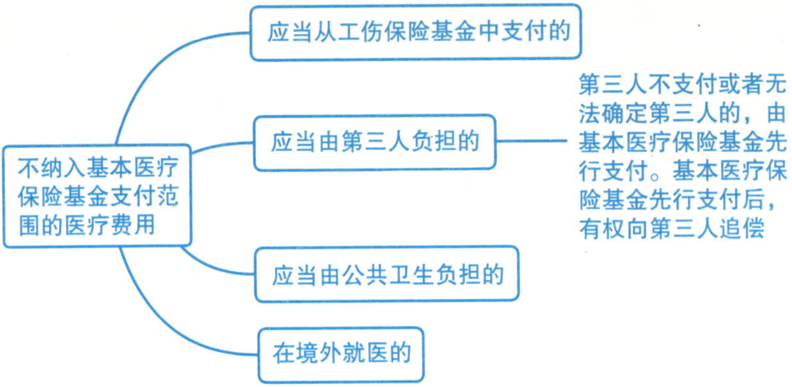
不纳入基本医疗保险基金支付范围的医疗费用
应当从工伤保险基金中支付的
应当由第三人负担的
第三人不支付或者无法确定第三人的，由基本医疗保险基金先行支付。基本医疗保险基金先行支付后，有权向第三人追偿
应当由公共卫生负担的
在境外就医的

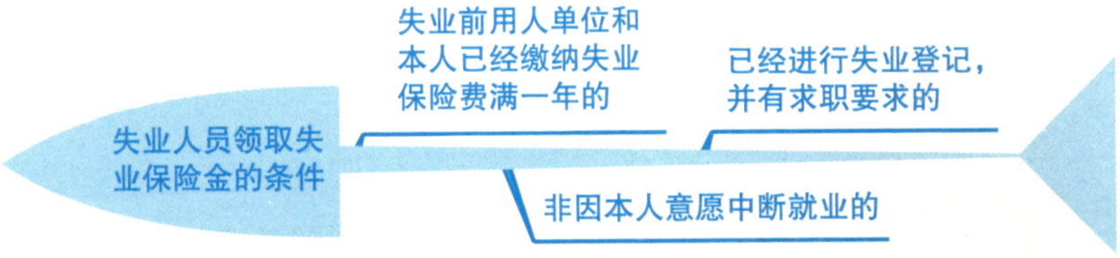
失业人员领取失业保险金的条件
失业前用人单位和本人已经缴纳失业保险费满一年的
已经进行失业登记，并有求职要求的
非因本人意愿中断就业的

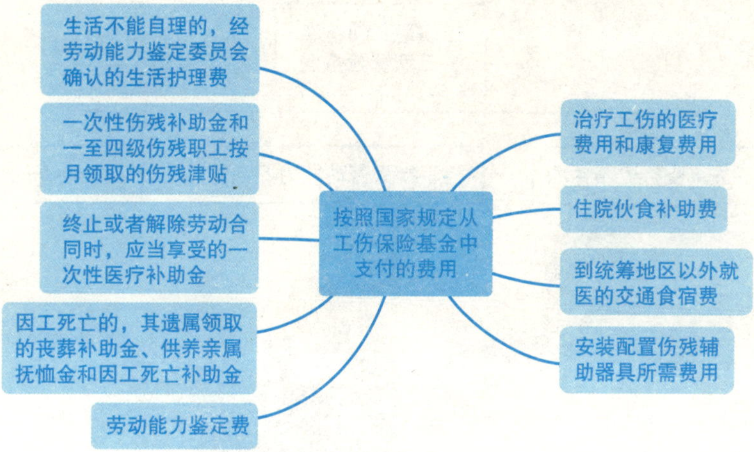
按照国家规定从工伤保险基金中支付的费用
生活不能自理的，经劳动能力鉴定委员会确认的生活护理费
一次性伤残补助金和一至四级伤残职工按月领取的伤残津贴
终止或者解除劳动合同时，应当享受的一次性医疗补助金
因工死亡的，其遗属领取的丧葬补助金、供养亲属抚恤金和因工死亡补助金
劳动能力鉴定费
治疗工伤的医疗费用和康复费用
住院伙食补助费
到统筹地区以外就医的交通食宿费
安装配置伤残辅助器具所需费用

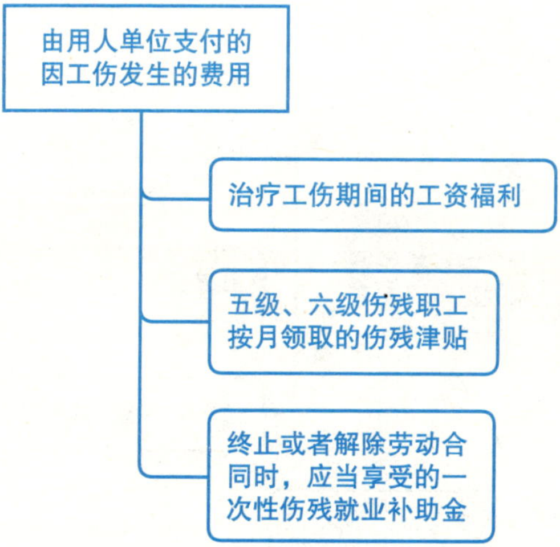
由用人单位支付的因工伤发生的费用
治疗工伤期间的工资福利
五级、六级伤残职工按月领取的伤残津贴
终止或者解除劳动合同时，应当享受的一次性伤残就业补助金

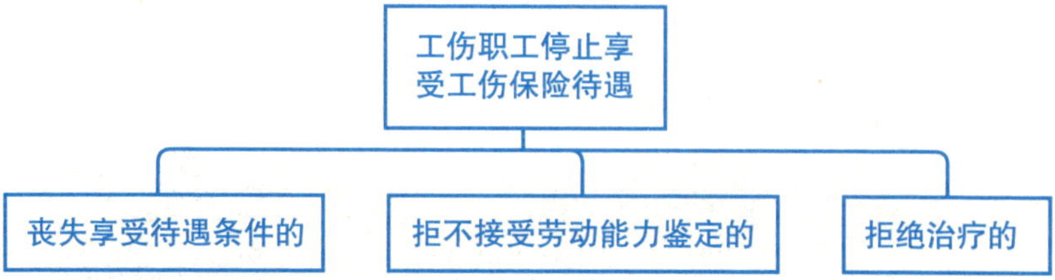
工伤职工停止享受工伤保险待遇
丧失享受待遇条件的
拒不接受劳动能力鉴定的
拒绝治疗的

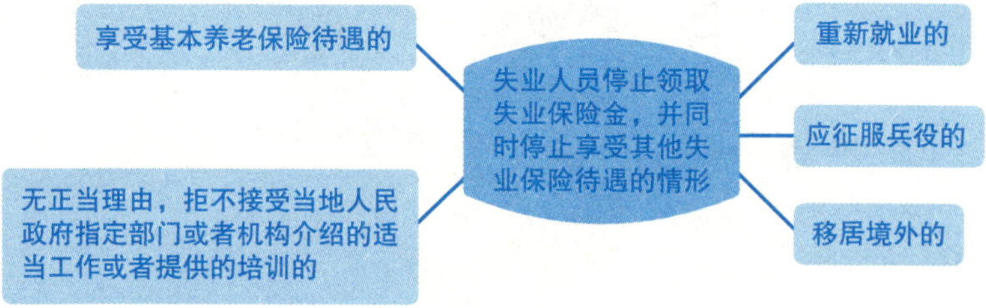
失业人员停止领取失业保险金，并同时停止享受其他失业保险待遇的情形
享受基本养老保险待遇的
无正当理由，拒不接受当地人民政府指定部门或者机构介绍的适当工作或者提供的培训的
重新就业的
应征服兵役的
移居境外的

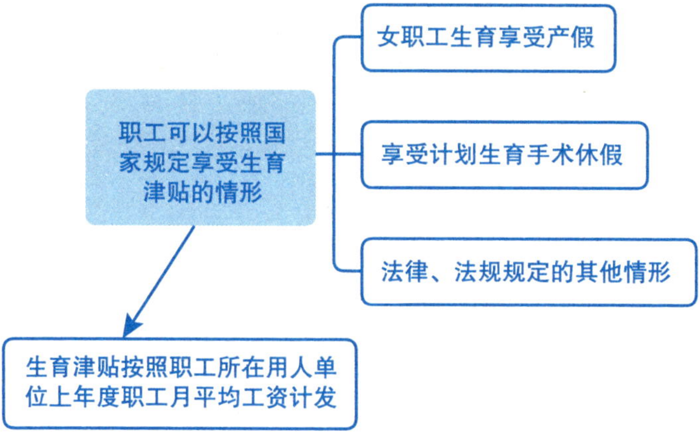
职工可以按照国家规定享受生育津贴的情形
女职工生育享受产假
享受计划生育手术休假
法律、法规规定的其他情形
生育津贴按照职工所在用人单位上年度职工月平均工资计发

39. 在外地工作两年后打算回老家工作，养老保险金能否一起“走”？

◆ 案例分析

小云的家乡在四川省的一个小县城，2013 年小云以优异的成绩考入北京某高校学习财会专业。毕业后小云打算留在北京工作，于是进入一家金融机构成为一名会计，单位为其缴纳五险一金。工作两年后，由于涉及买房、户口等事宜，小云倍感压力，有回家工作的打算。在父母、亲友的支持和劝说下，小云最终决定在成都一家不错的金融机构工作，且已经达成合作意向，但她担心的是自己之前缴纳的养老保险金能否跟她一起“走”？那么，小云的担心是有道理的吗？

根据我国《社会保险法》第十九条的规定，基本养老保险关系是随着本人转移的，也就是人到哪儿，社保关系就跟到哪儿。像本案中小云这种情况难免会发生，现在的年轻人会因为各种原因跳槽，甚至在不同地域之间来回变动工作，那么因为变动工作他们之前所交的养老保险就不算数了吗？答案是否定的。所以小云不必担心，只要她按照规定办理好手续就可以将养老保险缴费年限连续起来。各地区都会有相关的文件规定，一般参保人员跨省流动就业的，由原参保所在地社会保险经办机构开具参保缴费凭证，其基本养老保险关系应随同转移到新参保地。达到基本养老保险待遇领取条件的，其在各地的参保缴费年限合并计算，个人账户储存额（含本息，下同）累计计算。未达到待遇领取年龄前，不得终止基本养老保险关系并办理退保手续。

◆ 法律条文

《中华人民共和国社会保险法》

第十九条 个人跨统筹地区就业的，其基本养老保险关系随本人转移，缴费年限累计计算。个人达到法定退休年龄时，基本养老金分段计算、统一支付。具体办法由国务院规定。

深度解析

面对职工跨地区就业的实际问题，我国《社会保险法》也作出了关于职工个人养老保险跨地区统筹的规定。我国逐步实行国家统筹社会养老保险制度，无论职工在何处，工作关系发生了怎样的转移，其个人的基本养老保险关系都随本人转移，其所缴费的年限也会累计计算。而当个人年满退休时，其个人的基本养老保险金会分段计算，最后由当地社保机构统一支付。

40. 职工获得工伤保险赔偿后，还能报销医疗保险吗？

◆ 案例分析

马某是建筑公司的一名普通工人。一天，马某在工地干活时被掉落的一根钢筋扎穿了左腿大腿，幸好没有伤到动脉，无生命危险。事后公司的态度非常好，积极为其办理了工伤保险赔偿，公司领导去看望并嘱咐他好好养伤。其妻想着马某有医疗保险，还可以报销些钱，也算是因祸得福了，于是拿着相关资料去公司办理。工作人员得知后拒绝了马某妻子的请求，称其已经办理了工伤保险赔偿，就不能再办理医疗保险赔偿。那么，公司的说法正确吗？

根据我国《社会保险法》第三十条第一款的规定，下列医疗费用不纳入基本医疗保险基金支付范围：（一）应当从工伤保险基金中支付的……此外，根据本法第三十八条的规定，因工伤发生的下列费用，按照国家规定从工伤保险基金中支付：（一）治疗工伤的医疗费用和康复费用；（二）住院伙食补助费；（三）到统筹地区以外就医的交通食宿费；（四）安装配置伤残辅助器具所需费用；（五）生活不能自理的，经劳动能力鉴定委员会确认的生活护理费；（六）一次性伤残补助金和一至四级伤残职工按月领取的伤残津贴。因此马某妻子的请求不会得到认可，公司的说法是正确的。

◆ 法律条文

《中华人民共和国社会保险法》

第三十条第一款 下列医疗费用不纳入基本医疗保险基金支付范围：

（一）应当从工伤保险基金中支付的；

（二）应当由第三人负担的；

（三）应当由公共卫生负担的；

（四）在境外就医的。

第三十八条 因工伤发生的下列费用，按照国家规定从工伤保险基金中支付：

（一）治疗工伤的医疗费用和康复费用；

（二）住院伙食补助费；

（三）到统筹地区以外就医的交通食宿费；

（四）安装配置伤残辅助器具所需费用；

（五）生活不能自理的，经劳动能力鉴定委员会确认的生活护理费；

（六）一次性伤残补助金和一至四级伤残职工按月领取的伤残津贴；

……

深度解析

基本医疗保险基金是国家为保障职工的基本医疗，由医疗保险经办机构依法向用人单位和个人筹集的用于职工基本医疗保险的专项基金。我国《社会保险法》第三十条第一款以排除法的形式详细规定了基本医疗保险基金的支付范围，依法应当从工伤保险基金中支付的，或者应当由第三人、公共卫生负担的，不能再包含在基本医疗保险基金中，否则会造成重复享有，加重基本医疗保险基金的负担，使应当享受基本医疗保险的职工不能及时享受该待遇。

41. 没有劳动合同就不能享受工伤待遇吗?

◆ 案例分析

小崔从县城职业高中毕业后便在一家汽车修理厂上班，双方只是口头约定了工资、上班时间等事情，没有签订劳动合同。一天，小崔因汽车起落架故障被压伤，被送往医院治疗，花去7000多元治疗费。事后小崔父母向汽修厂要求工伤保险赔偿，汽修厂以双方未签订合同为由拒绝为其办理赔偿。协商无果后，小崔及其父母决定向劳动仲裁机构提起仲裁。那么劳动仲裁机构会支持小崔的请求吗？没有劳动合同就不能享受工伤待遇吗？

只要小崔能够证明与该工厂存在事实上的劳动关系，即使没有书面劳动合同，只要符合工伤认定标准，也能被认定为工伤。所谓事实劳动关系，是指用人单位招用劳动者后不按规定订立劳动合同，或者用人单位与劳动者以前签订过劳动合同，但是劳动合同到期后用人单位同意劳动者继续在本单位工作却没有与其及时续订劳动合同的情况。在事实劳动关系中，劳动者享有劳动保障法律法规所规定的一切权利，包括工伤保险待遇。因此，本案中只要小崔在申请劳动仲裁时能够向仲裁机构提供事实劳动关系存在的证明材料（如录用登记表、考勤表、工资单等）或者相关人证（如同事），就可以认定双方存在事实劳动关系，小崔也可以依法提出工伤认定申请，享受工伤保险待遇。

◆ 法律条文

《工伤保险条例》

第二条第二款　中华人民共和国境内的企业、事业单位、社会团体、民办非企业单位、基金会、律师事务所、会计师事务所等组织的职工和个体工商户的雇工，均有依照本条例的规定享受工伤保险待遇的权利。

第十八条第一款　提出工伤认定申请应当提交下列材料：

（一）工伤认定申请表；

（二）与用人单位存在劳动关系（包括事实劳动关系）的证明材料；

（三）医疗诊断证明或者职业病诊断证明书（或者职业病诊断鉴定书）。

第十八条第二款　工伤认定申请表应当包括事故发生的时间、地点、原因以及职工伤害程度等基本情况。

深度解析

职工在工作时间因工作原因受伤的，就应当依法认定为工伤，享受工伤保险待遇。根据法律规定申请工伤认定时，应当提供必要的材料，主要包括：工伤认定申请表、受伤职工与所在单位存在劳动关系的证明材料、医疗诊断证明或者职业病诊断证明书。值得注意的是，无论有无书面劳动合同，只要能够证明劳动关系存在即符合法律关于工伤认定申请的要件。

42. 工伤保险费应由职工自己承担吗？

◆ 案例分析

赵某从原公司跳槽后成功实现了升职加薪的愿望，其非常高兴。作为一名有八年工作经验的员工，赵某除了看重薪酬、福利、公司发展前景外，还会特别关注五险一金等基本保障。签订合同时，赵某确认了公司有五险一金的保障，便放心了。谁知一个月后，赵某仔细查看自己的工资明细时，才发现工伤保险费竟然是从自己的工资里扣除的，赵某非常气愤。那么，该公司的做法合法吗？我国法律规定的工伤保险费究竟应当由谁承担？

该公司的这种做法是错误的，其应当返还所扣的赵某用于工伤保险的工资。工伤保险是为了化解用人单位工伤风险而设计的一种制度。我国法律规定，用人单位必须为员工交工伤保险，且保费应由用人单位缴纳。这是法律的强制性规定，用人单位不得以劳动合同排除。因此，本案中公司必须退还赵某用于缴纳工伤保险费的工资。

◆ 法律条文

《工伤保险条例》

第十条第一款 用人单位应当按时缴纳工伤保险费。职工个人不缴纳工伤保险费。

《中华人民共和国社会保险法》

第三十三条　职工应当参加工伤保险，由用人单位缴纳工伤保险费，职工不缴纳工伤保险费。

深度解析

按照我国社会保险制度的规定，用人单位应当为职工参加工伤保险，并及时缴纳工伤保险费。工伤保险是为化解用人单位所聘职工因工伤所遭受的风险而设计的，在事实上降低了用人单位的负担，理所应当由用人单位缴纳。法律明确规定职工本人不缴纳工伤保险费，用人单位不能将自己的法定义务转嫁到处于弱势的劳动者身上。劳动者遇到此种情况时，应当拿起法律武器维护自身的合法权益。

43. 职工应按怎样的比例缴纳失业保险费?

◆ 案例分析

小白大学本科学习的是日语专业，毕业后进入一家日企工作，签订了为期五年的劳动合同，公司为其缴纳五险一金。对于其他几项保险，小白听同学说得较多，只有失业保险这一项不太清楚。小白知道，失业保险由用人单位和劳动者共同缴纳，那么二者的缴纳规则是否相同，究竟按照怎样的方法缴纳？作为职工的小白，每月应缴纳多少失业保险费呢？

根据我国法律规定，用人单位应当缴纳的失业保险费为该单位工资总额的2%，职工应缴纳本人工资总额的1%。缴纳失业保险费是国家通过立法强制实行的，由社会集中建立基金，对因失业而暂时中断生活来源的劳动者提供物质帮助的制度。失业保险由职工和单位共同缴纳。根据《失业保险条例》第六条规定：“城镇企业事业单位按照本单位工资总额的百分之二缴纳失业保险费。城镇企业事业单位职工按照本人工资的百分之一缴纳失业保险费。城镇企业事业单位招用的农民合同制工人本人不缴纳失业保险费。”因此，在本案中，小白工作的日企应按本公司工资总额的2%缴纳失业保险费，而小白只需按照自己的工资总额的1%缴纳即可。

◆ 法律条文

《失业保险条例》

第六条　城镇企业事业单位按照本单位工资总额的百分之二缴纳失业保险费。城镇企业事业单位职工按照本人工资的百分之一缴纳失业保险费。城镇企业事业单位招用的农民合同制工人本人不缴纳失业保险费。

深度解析

失业保险制度旨在保障失业人员在失业期间的基本生活，其费用由用人单位和职工共同承担，但二者的承担比例并不相同。用人单位按照本单位工资总额的2%，单位职工按照本人工资总额的1%缴纳失业保险费。该费用全部用于建立失业保险基金，以给付失业人员在失业期内的基本生活费用。需要注意的是，如果用人单位招用的是农民合同制工人，就仅由用人单位承担，而职工本人不缴纳失业保险费。

44. 单位迟延缴纳社保费，滞纳金让职工承担合法吗？

◆ 案例分析

周某是某金属冶炼厂工人，近年来由于受到金融危机的影响，厂里的效益一年不如一年，工资总是发不下来，很多工人都有辞职的打算。2020 年 3 月，厂里发出通知终于要发放去年 11 月、12 月的工资了。周某等工人到会计那儿领工资时却被告知，必须先缴纳社保费的滞纳金，否则要从工资里扣。周某纳闷，仔细一问才知道，是厂里迟延缴纳社保费产生的。那么，因单位迟延缴纳社保费产生的滞纳金应该让职工个人承担吗？

依据《社会保险费申报缴纳管理规定》第十一条第二款的规定："用人单位未按时足额代缴的，社会保险经办机构应当责令其限期缴纳，并自欠缴之日起按日加收 0.5‰的滞纳金。用人单位不得要求职工承担滞纳金。"由此我们可以知道，该单位无论出于什么原因缺乏资金，都不应欠缴职工的社保费，因迟延缴纳社保费，依法应缴纳滞纳金的，不得要求自己的员工负担。该单位如果以扣发职工工资的形式收取滞纳金，其必须如数归还给单位的每一个职工。

◆ 法律条文

《社会保险费申报缴纳管理规定》

第十一条第二款 用人单位未按时足额代缴的，社会保险经办机构应当责令其限期缴纳，并自欠缴之日起按日加收0.5‰的滞纳金。用人单位不得要求职工承担滞纳金。

深度解析

用人单位应当按时足额为职工缴纳社会保险费，如果其没有按时足额代缴的，社会保险经办机构有权向其加收每日0.5‰的滞纳金。由于实践中存在用人单位将其应当缴纳的滞纳金转嫁到职工身上的现象，因此，《社会保险费申报缴纳管理规定》还特别规定，用人单位应当缴纳的滞纳金不得要求职工承担。如果用人单位违反法律规定侵害职工的该项权利的，职工可以通过法律途径维护自身权益。

第七章
工作时间、休息休假法律知识

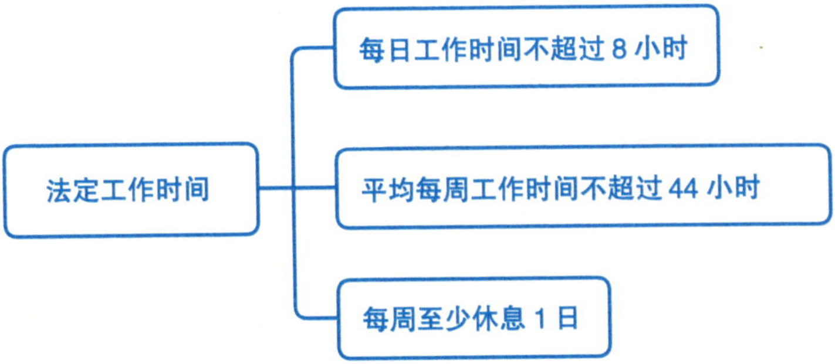
法定工作时间
每日工作时间不超过 8 小时
平均每周工作时间不超过 44 小时
每周至少休息 1 日

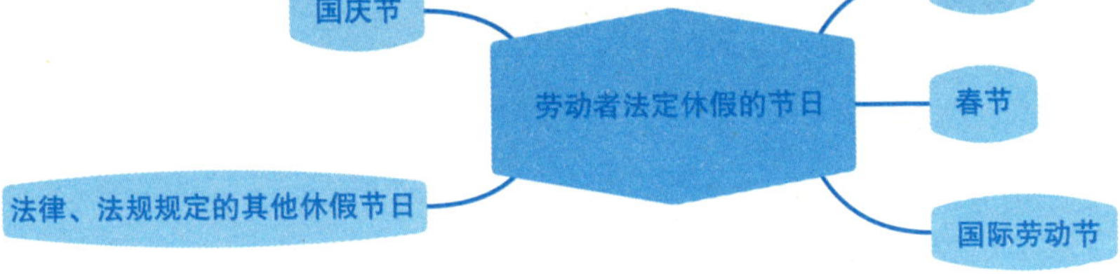
劳动者法定休假的节日
元旦
春节
国际劳动节
国庆节
法律、法规规定的其他休假节日

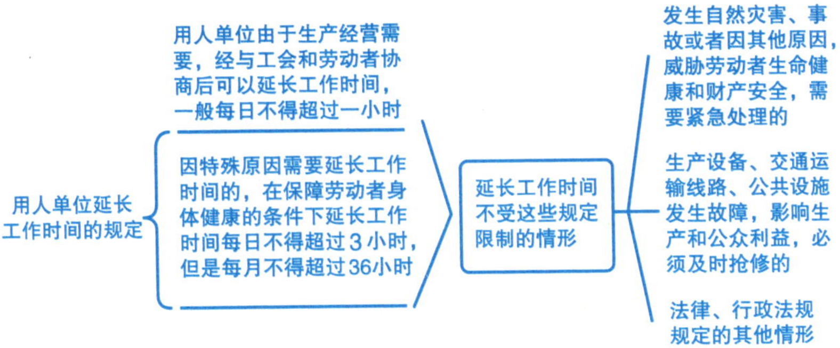
用人单位延长工作时间的规定
用人单位由于生产经营需要，经与工会和劳动者协商后可以延长工作时间，一般每日不得超过一小时
因特殊原因需要延长工作时间的，在保障劳动者身体健康的条件下延长工作时间每日不得超过 3 小时，但是每月不得超过36小时
延长工作时间不受这些规定限制的情形
发生自然灾害、事故或者因其他原因，威胁劳动者生命健康和财产安全，需要紧急处理的
生产设备、交通运输线路、公共设施发生故障，影响生产和公众利益，必须及时抢修的
法律、行政法规规定的其他情形

45. 法律对非全日制用工的工作时间是如何规定的?

◆ 案例分析

成成自幼父母双亡，跟着爷爷一起生活。在成成高中毕业那年，恰逢爷爷病重，为了给爷爷治病，同时保证自学时间，以便再次参加高考，成成便到大学校园里找了份清洁工的差事，与后勤集团签订了非全日制用工合同。合同约定，成成负责校园第三教学楼大厅和二层的保洁工作，每天工作 5 个小时，月工资 1000 元，每月结一次工资。那么，该用工合同中对工时的约定是否符合法律的规定?

非全日制用工合同，与一般的劳动合同关系有显著的不同。其中，较为明显的就是劳动时间的不同。按照法律规定，非全日制用工的劳动时间平均每日不得超过 4 小时，每周累计不得超过 24 小时。法律没有明确规定非全日制用工者每天都要工作，只是对每天工作时间的上限作出了规定。此外，需要注意的是，这里规定的工作时间是指在同一用人单位累计的工作时间。也就是说，非全日制用工可以每天在一个或一个以上的用人单位工作，工作时间按照法律规定执行即可。因此，本案中，该后勤集团要求成成每天工作 5 个小时的做法违反了相关法律的规定，应当尽快作出调整。

◆ 法律条文

《中华人民共和国劳动合同法》

第六十八条 非全日制用工，是指以小时计酬为主，劳动者在同一用人单位一般平均每日工作时间不超过四小时，每周工作时间累计不超过二十四小时的用工形式。

深度解析

把非全日制用工纳入《劳动合同法》的调整范围，有利于完善我国的劳动合同制度，有利于维护这部分劳动者的合法权益。非全日制劳动是灵活就业的一种重要形式，它适应企业降低人工成本、推进灵活用工的客观需要。非全日制用工与全日制用工相比，尽管工作时间长短不同，具体适用规则也有所不同，但是在非全日制用工与全日制用工中，劳动者与用人单位之间形成的都是劳动关系。

46. 企业随意提高计件指标，被迫加班的员工如何维权？

◆ 案例分析

2020年春，丽丽与丈夫离婚后，开始一个人带着孩子生活。迫于生活压力，丽丽开始到一个床品加工厂工作。双方签订了简易的劳动合同，只规定了工作报酬采取计件方式，每人每天完成工作量不得少于15套床品。4月，加工厂老板李某声称，接到某大学的一批订单，订单要求加工厂按照约定规格、材料等完成1万套学生床上用品，交货日期为7月15日。加工厂现在只雇用了少量工人做工，因此丽丽每天都要承担很多任务。5月，李某为了赶进度，要求每人每天完成25套床品的裁制。为完成单日计件数量，丽丽等员工每天都要工作12个小时左右，挤占了午休时间，才勉强能完成任务。一个月后，李某又将工作指标提高到每天裁制30套床品，这样丽丽即便每天都为完成任务多加班几个小时，到月底仍然无法完成任务。李某因丽丽等人没完成任务量，拒绝支付加班工资。那么，企业随意提高计件指标，被迫加班的员工该如何维权？

我国《劳动法》第四十一条规定："用人单位由于生产经营需要，经与工会和劳动者协商后可以延长工作时间，一般每日不得超过一小时；因特殊原因需要延长工作时间的，在保障劳动者身体健康的条件下延长工作时间每日不得超过三小时，但是每月不得超过三十六小时。"由此可见，该床品厂制定的劳动任务标准对丽丽等人来说是非常不合理的，他们在法定工作时间根本无法完成，而只能在加班时间完成。职工们基本都出现这种情况，就更加说明这不是某个职工劳动技能差所导致的，而是一种变相的强迫劳动者加班的行为，这种行为违反了延长工作时间最长每日不得超过三小时的法律规定。因此，床品加工厂变相强迫丽丽加班的行为是违法的，应当予以纠正。

我国实行劳动者每日工作时间不超过 8 小时，平均每周工作时间不超过 44 小时的标准工时制度。这一标准工时制度适用于中华人民共和国境内的国家机关、社会团体、企业、事业单位以及其他组织的职工。如果劳动者与用人单位实行计件工资，用人单位同样应该遵守上述时间规定来合理安排劳动者每天的工作量，并确定计件报酬。而且，要安排职工加班时，首先必须与工会协商；然后必须与劳动者协商，只有征得劳动者同意后，才能执行，用人单位不能强迫劳动者加班加点。床品加工厂多次提高劳动定额，并且超出了工人每天能完成的工作量，导致工人为了完成任务而加班加点，这种行为违反了法律规定，根据《劳动法》第四十四条第一项关于“安排劳动者延长工作时间的，支付不低于工资的百分之一百五十的工资报酬”的规定，丽丽等人超出正常工作时间提供的那部分劳动，有权要求床品加工厂按当初约定的计件工资标准的 150% 来支付在加班加点期间完成的工作的报酬，即通常说的加班工资。对于床品加工厂的做法，丽丽可以与厂里协商，要求床品加工厂支付其增加劳动定额后加班加点的工资并且减少加班时间，如果协商不成，可以向当地劳动争议仲裁委员会申请仲裁。

◆ 法律条文

《中华人民共和国劳动法》

第三十六条　国家实行劳动者每日工作时间不超过八小时、平均每周工作时间不超过四十四小时的工时制度。

第四十一条　用人单位由于生产经营需要，经与工会和劳动者协商后可以延长工作时间，一般每日不得超过一小时；因特殊原因需要延长工作时间的，在保障劳动者身体健康的条件下延长工作时间每日不得超过三小时，但是每月不得超过三十六小时。

第四十四条　有下列情形之一的，用人单位应当按照下列标准支付高于劳动者正常工作时间工资的工资报酬：

（一）安排劳动者延长工作时间的，支付不低于工资的百分之一百五十的工资报酬；

（二）休息日安排劳动者工作又不能安排补休的，支付不低于工资的百分之二百的工资报酬；

（三）法定休假日安排劳动者工作的，支付不低于工资的百分之三百的工资报酬。

深度解析

对于实行计件工资的用人单位，在实行新的工时制度下应既能保证劳动者享受缩短工时的待遇，又尽量保证劳动者的计件工资收入不减少。如果适当调整劳动定额，在保证劳动者计件工资收入不降低的前提下，计件单价可以不作调整；如果调整劳动定额有困难，就应该考虑适当调整劳动者计件单价，以保证收入不减少。

47. 未经协商，企业自行延长劳动时间合法吗？

◆ 案例分析

董某原本在一家化工厂从事产品包装工作，由于化工品挥发出来的气体对身体有害，董某就在暑期时间，换了份工作。由于在包装、组装方面积累了一定的经验，董某应聘到一家工资待遇都较好的生产装饰材料公司。董某与该公司签订了合同，在合同中明确规定了工资福利以及每天8小时的工作时间等。然而，到了6月，工厂突然宣布启用夏季时间，将每天的下班时间延长到晚上9点钟，董某等人向企业表示，延长工作时间事前没有经过协商，而且工资待遇都没有变化，这是不公平的。而企业则表示如果董某等工人不满意，可以离职。董某等工人都对此十分气愤。那么请问，未经协商，企业自行延长劳动时间合法吗？

我国实行每天工作时间不超过8小时、平均每周工作时间不超过44小时的工时制。《劳动法》第四十一条规定，用人单位由于生产经营需要，经与工会和劳动者协商后可以延长工作时间，一般每日不得超过一小时；因特殊原因需要延长工作时间的，在保障劳动者身体健康的条件下延长工作时间每日不得超过三小时，但是每月不得超过三十六小时。由此可见，用人单位要延长劳动者的工作时间的前提是用人单位必须有特殊情况和紧急任务，并且要与劳动者协商。在本案中，装饰材料公司未经协商，私自延长工作时间，还拒绝向生产工人支付加班费用，且在工人质疑的情况下，仍然不改正，是严重违反劳动法的表现。董某等人可以向相关劳动部门提出申请，要求生产企业及时更正自己的错误行为，如果想要延长工作时间，需要与工人进行协商，在达成一致意见的基础上还应当支付必要的加班费用。

◆ 法律条文

《中华人民共和国劳动法》

第三条 劳动者享有平等就业和选择职业的权利、取得劳动报酬的权利、休息休假的权利、获得劳动安全卫生保护的权利、接受职业技能培训的权利、享受社会保险和福利的权利、提请劳动争议处理的权利以及法律规定的其他劳动权利。

劳动者应当完成劳动任务，提高职业技能，执行劳动安全卫生规程，遵守劳动纪律和职业道德。

第四十一条 用人单位由于生产经营需要，经与工会和劳动者协商后可以延长工作时间，一般每日不得超过一小时；因特殊原因需要延长工作时间的，在保障劳动者身体健康的条件下延长工作时间每日不得超过三小时，但是每月不得超过三十六小时。

深度解析

为保障工人享有合理的休息时间，法律对于工作时间的长度作出了明确的规定。劳动合同的达成是双方真实意愿表达，协商一致的结果。如果企业因为生产等多方面原因想要延长工作时间，需要与工人或者工会进行协商，在取得同意的基础上方可实行，这是保障工人合法权利不受侵害的保障性规定。

48. 在什么样的情形下，职工可以享受探亲假？

◆ 案例分析

周某出生在广东省某市，职业技校毕业后，周某来到北方打拼。经过为期一个月的择业，周某最终与河北省一家国有建材生产企业签订了劳动合同。由于离家较远，平时的假期时间根本不够自己回家看望父母，但考虑到这份工作的薪资待遇和晋升渠道都很不错，周某始终没有跳槽。只有在过年的时候，周某的父母从广东坐火车来到河北，与周某一起在租住的房子里过一个春节。考虑到父母年龄越来越大，而且父亲身体一直不好，周某觉得总是让父母过来看望自己十分不便，于是想要公司领导给自己批一次探亲假，让自己能够在今年过年的时候回家看望父母。那么，请问在什么样的情形下，职工可以享受探亲假？

探亲假是指劳动者的工作地点与父母或者配偶的居住地不在一处，在公休假日不能团聚时享受的与父母或配偶团聚的带薪假期。根据《国务院关于职工探亲待遇的规定》第二条规定，劳动者享受探亲假的条件是，凡在国家机关、人民团体和全民所有制企业，事业单位工作满一年的固定职工，与配偶不住在一起，又不能在公休假日团聚的，可以享受此待遇。本案中，周某的家乡广东省某市与工作地点河北省某市相隔很远，往返的时间很长，所以周某在平时的公休假日根本不能回家与父母团聚。同时，周某供职的是一家国有生产企业，所以周某的情形符合法律的规定，生产企业应当批准周某的探亲假。

◆ 法律条文

《国务院关于职工探亲待遇的规定》

第二条　凡在国家机关、人民团体和全民所有制企业、事业单位工作满一年的固定职工，与配偶不住在一起，又不能在公休假日团聚的，可以享受本规定探望配偶的待遇；与父亲、母亲都不住在一起，又不能在公休假日团聚的，可以享受本规定探望父母的待遇。但是，职工与父亲或与母亲一方能够在公休假日团聚的，不能享受本规定探望父母的待遇。

第三条　职工探亲假期：

（一）职工探望配偶的，每年给予一方探亲假一次，假期为三十天。

（二）未婚职工探望父母，原则上每年给假一次，假期为二十天，如果因为工作需要，本单位当年不能给予假期，或者职工自愿两年探亲一次的，可以两年给假一次，假期为四十五天。

（三）已婚职工探望父母的，每四年给假一次，假期为二十天。

探亲假期是指职工与配偶、父、母团聚的时间，另外，根据实际需要给予路程假。上述假期均包括公休假日和法定节日在内。

深度解析

探亲假是职工依法探望与自己不住在一起，又不能在公休假日团聚的配偶或父母的带薪假期。法律出于人文关怀，为了保障公民与家人团聚的权利，特别规定了职工在符合法定情形的前提下，可以享受探亲假，在探亲假期间保留工资和待遇。出于市场经济的考虑，法律只对一些特定性质的企业或者团体作出了探亲假的规定，其他企业实行与否可以根据各自的实际情况。

49. 女职工在产假期间未与配偶团聚的，本年度内是否仍可以享受探亲假？

◆ 案例分析

宁某供职于本市一家大型国有企业，而宁某的丈夫是一名地质勘探员，长期在新疆地区工作。去年 7 月，宁某在公司的年度体检中发现自己已经怀有身孕。在今年临近分娩时，宁某向公司申请了产假。由于宁某的丈夫工作地点医疗条件较差，所以宁某选择留在本地区的医院进行生产。而丈夫由于工作原因在妻子生育时不能回到家中团聚。为此夫妻双方都感到十分伤心。在生完孩子，产假结束后，宁某想到自己与丈夫一直未团聚，而新生的孩子还未见过父亲，于是想要向公司申请休探亲假，自己趁着假期带着孩子去看望丈夫。那么，请问女职工在产假期间未与配偶团聚的，本年度内是否仍可以享受探亲假？

女职工因生育而享有的产假与职工因与配偶或父母分居两地所享有的探亲假是性质不同的两种休假。产假是生育女职工专门享受的一种假期待遇。而探亲假是指父母与配偶分居两地的职工，每年在一定时期内回家团聚的假期。已休产假的女职工是否还能享有探亲假，要视不同的情况而定。根据《〈国务院关于职工探亲待遇的规定〉实施细则的若干问题的意见》的规定，女职工到配偶工作地点生育，在生育休假期间，超过规定的产假以后，与配偶团聚 30

天以上的，不再享受当年的探亲待遇。那么如果女职工未在配偶工作地生育或虽在配偶工作地生育，但生育休假后未与配偶团聚 30 天以上的，当年仍可享受探亲假待遇。在本案中，宁某在休产假期间未与丈夫相聚，独自一人在家中由其他家人陪伴进行生育。按照法律规定，宁某仍然可以享有本年度的探亲假，可以带着新出生的孩子去看望自己的丈夫。

◆ 法律条文

《〈国务院关于职工探亲待遇的规定〉实施细则的若干问题的意见》

五、女职工到配偶工作地点生育，在生育休假期间，超过五十六天（难产、双生七十天）产假以后，与配偶团聚三十天以上的，不再享受当年探亲待遇。

深度解析

探亲假与产假二者之间并不存在矛盾，因为法律规定这两种假期的出发点是不相同的。探亲假是为了保障职工与家人团聚的权利，而产假则是保障女职工正常的生育。但是如果在产假期间夫妻双方已经团聚，再休探亲假会产生重复，对于公司的生产是不利的，所以法律作出规定，只有在符合法定的情形下，职工才能同时享有产假与探亲假。

50. 再婚夫妻能否享受与初婚夫妻相等的婚假待遇？

◆ 案例分析

宋某是本市一家国有企业的生产车间主任，与妻子离婚多年，一直一个人带着孩子生活。今年工厂新分配下来一批技术员，其中陈某被分配到宋某的车间进行实习。宋某对陈某一见钟情，而陈某也觉得宋某符合自己心里的期盼。二人在谈了一段时间的恋爱后，便决定结婚，以便更好地照顾对方。宋某向企业申请了三天的婚假，但是企业只批复了一天的假期，并且向宋某指出，宋某已经有过一次婚姻，这次是再婚，不应当再享有同初婚夫妻一样的权利，所以只批复了一天。宋某觉得十分不公平，婚姻是平等的，虽然自己是再婚，但自己也应当享受同初婚夫妻一样的待遇。那么，请问再婚夫妻能否享受与初婚夫妻一样的婚假待遇？

根据《劳动法》的规定，劳动者享有平等的休息休假的权利。再婚的双方，与初婚者同样，在取得结婚证后，夫妻关系即成立，也就享有法律赋予婚姻双方的权利和应承担的义务。在权利和义务方面，法律并没有对初婚和再婚作出不同的规定。因此，再婚者应与初婚者享有一样的权利，其中也包括享受休假的权利。也就是说，再婚者与初婚者的法律地位相同，用人单位对再婚职工应当参照国家有关规定，给予同初婚职工一样的婚假待遇。本案中，企业的做法是违背法律规定的，虽然宋某属于再婚，但是法律同样保护再婚者的合法权利，再婚者享有同初婚者一样的婚假权利。因此，该生产企业应当给予宋某夫妻同初婚者一样的婚假待遇。

◆ 法律条文

《中华人民共和国劳动法》

第三条 劳动者享有平等就业和选择职业的权利、取得劳动报酬的权利、休息休假的权利、获得劳动安全卫生保护的权利、接受职业技能培训的权利、享受社会保险和福利的权利、提请劳动争议处理的权利以及法律规定的其他劳动权利。

劳动者应当完成劳动任务，提高职业技能，执行劳动安全卫生规程，遵守劳动纪律和职业道德。

深度解析

劳动者依法享有休婚假的权利，虽然存在初婚与再婚等不同情形，但是法律平等地保护每一个劳动者结婚的权利，不存在任何的差别待遇。对于再婚者享有与初婚者同样的婚假待遇，体现了法律对于劳动者权益的保护，能够有效调动劳动者的积极性，同时也是一种保护公民平等权利的表现。

第八章
劳务派遣法律知识

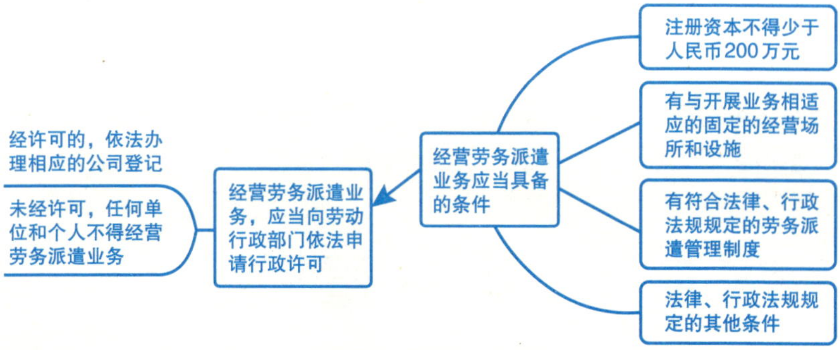
注册资本不得少于人民币200万元
有与开展业务相适应的固定的经营场所和设施
有符合法律、行政法规规定的劳务派遣管理制度
法律、行政法规规定的其他条件
经营劳务派遣业务应当具备的条件
经营劳务派遣业务，应当向劳动行政部门依法申请行政许可
经许可的，依法办理相应的公司登记
未经许可，任何单位和个人不得经营劳务派遣业务

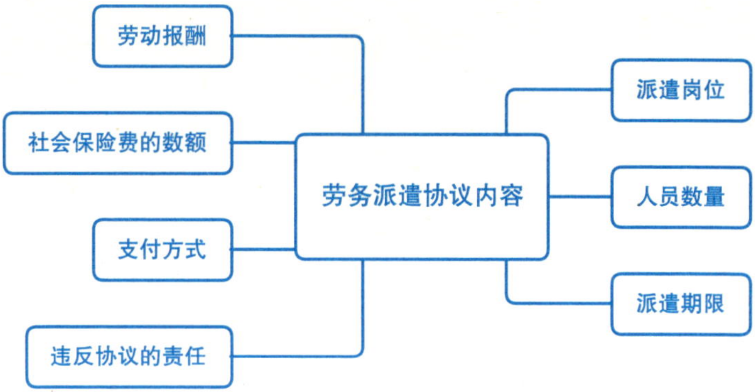
劳务派遣协议内容
劳动报酬
社会保险费的数额
支付方式
违反协议的责任
派遣岗位
人员数量
派遣期限

用工单位的义务

- 执行国家劳动标准，提供相应的劳动条件和劳动保护
- 告知被派遣劳动者的工作要求和劳动报酬
- 支付加班费、绩效奖金，提供与工作岗位相关的福利待遇
- 对在岗被派遣劳动者进行工作岗位所必需的培训
- 连续用工的，实行正常的工资调整机制

劳务派遣的适用岗位

- 临时性岗位
  - 临时性工作岗位是指存续时间不超过六个月的岗位
- 辅助性岗位
  - 辅助性工作岗位是指为主营业务岗位提供服务的非主营业务岗位
- 替代性岗位
  - 替代性工作岗位是指用工单位的劳动者因脱产学习、休假等原因无法工作的一定期间内，可以由其他劳动者替代工作的岗位

51. 劳务派遣关系中劳动者的工资由谁发放?

◆ 案例分析

张某下岗后四处打工，前不久他刚被一家劳务派遣公司录用，与公司签订了为期三年的劳动合同，合同约定有派遣任务时工资为每月2000元，没有派遣任务时工资是每月1480元，次月中旬发放上月工资。劳务派遣公司为张某和其他新聘用的员工统一办理了工资卡。后张某被派往某汽车运输公司从事勤杂工的工作，劳务派遣公司与该汽车运输公司签订了《劳务派遣协议》，协议约定张某的聘用期为一年，工资为每月2000元。张某工作了一个半月后，工资并没有按劳务派遣合同的约定发放到其工资卡上。那么，张某的工资应该是由劳务派遣公司发放，还是由某汽车运输公司发放呢?

根据《劳动合同法》第五十八条第二款的规定："劳务派遣单位应当与被派遣劳动者订立二年以上的固定期限劳动合同，按月支付劳动报酬；被派遣劳动者在无工作期间，劳务派遣单位应当按照所在地人民政府规定的最低工资标准，向其按月支付报酬。"此外，该法第五十九条第一款规定："劳务派遣单位派遣劳动者应当与接受以劳务派遣形式用工的单位（以下称用工单位）订立劳务派遣协议。劳务派遣协议应当约定派遣岗位和人员数量、派遣期限、劳动报酬和社会保险费的数额与支付方式以及违反协议的责任。"由此可知，在劳动派遣关系中，由用工单位按照劳务派遣协议约定的支付方式向劳务派遣单位支付劳动报酬。劳务派遣公司作为用人单位应当给劳动者发放工资。本案中，张某作为被派遣的劳动者，其工资应该由劳务派遣公司发放。

◆ 法律条文

《中华人民共和国劳动合同法》

第五十八条第二款　劳务派遣单位应当与被派遣劳动者订立二年以上的固定期限劳动合同，按月支付劳动报酬；被派遣劳动者在无工作期间，劳务派遣单位应当按照所在地人民政府规定的最低工资标准，向其按月支付报酬。

第五十九条　劳务派遣单位派遣劳动者应当与接受以劳务派遣形式用工的单位（以下称用工单位）订立劳务派遣协议。劳务派遣协议应当约定派遣岗位和人员数量、派遣期限、劳动报酬和社会保险费的数额与支付方式以及违反协议的责任。

用工单位应当根据工作岗位的实际需要与劳务派遣单位确定派遣期限，不得将连续用工期限分割订立数个短期劳务派遣协议。

深度解析

在实际工作中，有些劳务派遣单位为了逃避用人单位的责任，故意在劳动合同中不约定具体的合同期限，而是规定以劳务派遣单位与接受单位之间签订的劳务派遣协议中约定的工作时间或者劳务派遣工为接受单位提供劳动的实际时间为准。这种做法严重损害了劳动者的利益，因此法律对劳务派遣的劳动合同期限作出最低期限的规定是必要的，这不仅有可能解决劳动合同期限的问题，同时规定，劳动者在无工作期间，劳务派遣单位要支付不得低于劳动派遣单位所在地人民政府规定的最低工资标准的劳动报酬。这也是限制劳务派遣这种用工形式不正常发展的有效的经济手段之一。

52. 劳务派遣单位有权向劳动者收取管理费吗？

◆ 案例分析

胡某中专毕业后开始找工作，没想到四处碰壁，之后他被一家劳务派遣公司聘用。胡某与公司签订了劳动合同，约定合同期限自2018年6月1日至2020年5月31日，有派遣任务时工资以用工单位的工资标准发放，无派遣任务时工资为1800元。胡某签订劳动合同后，派遣公司又让胡某签订了一份协议，该协议内容为当派遣公司为劳动者安排派遣任务后，胡某要向派遣公司每月缴纳工资的5%作为管理费用。那么，劳务派遣单位有权利向胡某收取管理费吗？

在现实生活中，很多劳务派遣组织是以劳务承包或劳务中介为主，兼营劳务派遣。这些组织认为自己向劳动者提供了服务，自己有权利从中提取一定数额的钱，作为自己的劳动所得。但是，根据《劳动合同法》第九条规定："用人单位招用劳动者，不得扣押劳动者的居民身份证和其他证件，不得要求劳动者提供担保或者以其他名义向劳动者收取财物。"同时，《劳动合同法》第六十条第三款也规定："劳务派遣单位和用工单位不得向被派遣劳动者收取费用。"由此可见，劳务派遣公司以劳务派遣的名义招用劳动者，双方应当依照《劳动合同法》第五十八条的规定，签订两年以上的固定期限的劳动合同。劳务派遣单位是没有权利向劳动者收取任何费用的，因为劳务派遣性质不同于“职业介绍中介”，不能以给劳动者介绍工作为由，收取费用。案例中劳务派遣公司向胡某收取管理费用的行为是违法的。

◆ 法律条文

《中华人民共和国劳动合同法》

第九条 用人单位招用劳动者，不得扣押劳动者的居民身份证和其他证件，不得要求劳动者提供担保或者以其他名义向劳动者收取财物。

第五十八条第二款 劳务派遣单位应当与被派遣劳动者订立二年以上的固定期限劳动合同，按月支付劳动报酬；被派遣劳动者在无工作期间，劳务派遣单位应当按照所在地人民政府规定的最低工资标准，向其按月支付报酬。

第六十条第三款 劳务派遣单位和用工单位不得向被派遣劳动者收取费用。

深度解析

我国劳动力市场的就业压力巨大并将在相当长时期内持续，大量进城务工人员、大中专毕业生和国有企业下岗分流人员构成就业市场中劳动力的主要部分。有些劳动者或就业能力较低，或流动性较大，劳务派遣所提供的短期、临时的工作满足了这些劳动者的需要，在一定程度上缓解了就业压力。应当说，劳务派遣方式更多的是资本的选择而不是劳动者的选择，因为企业的目的是以此降低用工成本，因此被派遣劳动者的权益极易受到侵犯。被派遣的劳动者一定要了解一些相关的法律知识，在必要时用以维护自己的合法权益。

53. 劳动者被派遣至外地工作的，工资按什么标准发放？

◆ 案例分析

吴某原本在山西省某煤矿工作，后辞职与本市某劳务派遣公司签订了三年的劳动合同，合同约定有派遣任务时工资为每月 2200 元，无派遣任务时工资为每月 1800 元。不久，吴某和几名同事被公司派往天津某食品生产公司工作。劳务派遣公司和天津某食品公司签订了《劳务派遣协议》，协议约定吴某等人的工资为每月 3200 元，聘用期为一年。那么，吴某的工资是按原劳务派遣合同约定的标准发放，还是依据聘用协议的工资标准发放呢？

吴某的工资应当按照用工单位即天津某食品公司的标准发放。吴某接受劳务派遣公司聘用后并未在本地工作，而是被派到省外提供劳务，这从性质上分析属于跨地区劳务派遣。根据我国《劳动合同法》第六十一条的规定："劳务派遣单位跨地区派遣劳动者的，被派遣劳动者享有的劳动报酬和劳动条件，按照用工单位所在地的标准执行。"据此，我们可以看出，用工单位的工资标准才是接受跨地区劳务派遣人员工资发放的依据。据此，案例中应以天津某食品公司的用工工资水平为执行标准，劳务派遣公司应补足其差额。

◆ 法律条文

《中华人民共和国劳动合同法》

第六十条　劳务派遣单位应当将劳务派遣协议的内容告知被派遣劳动者。

劳务派遣单位不得克扣用工单位按照劳务派遣协议支付给被派遣劳动者的劳动报酬。

劳务派遣单位和用工单位不得向被派遣劳动者收取费用。

第六十一条　劳务派遣单位跨地区派遣劳动者的，被派遣劳动者享有的劳动报酬和劳动条件，按照用工单位所在地的标准执行。

深度解析

劳务派遣往往是由经济较落后而劳动力相对过剩的地区向经济较发达但劳动力相对短缺的地区进行的。也就是说，用工单位所在地区的劳动报酬和劳动条件要优于劳务派遣单位所在地区。因此，我国法律规定劳动者的劳动报酬和劳动条件应当按照用工单位所在地区的标准执行。在现实中，这种劳动报酬和劳动条件的差距往往成为用工单位和劳务派遣单位剥夺劳动者正当权益的理由，劳动者的合法权益往往因此受到伤害。

54. 被派遣劳动者在用人单位加班时，应由谁支付加班费用？

◆ 案例分析

朱某大学毕业后就与某劳务派遣公司签订了为期三年的劳动合同，后朱某被派往某银行从事大堂经理的工作，劳务派遣公司与该银行签订了《劳务派遣协议》，协议约定朱某的工资为每月 2400 元，工作时间为 8 小时，每周休息两天。朱某到该银行工作后，银行经常安排其下班后加班，有时还要在休息日到单位加班。但朱某领取的工资都是每月 2400 元，从来没有加班费用。那么，朱某是否可以得到加班费？加班费又应该由谁来支付？

朱某当然应该得到加班费，此费用应由用工单位即案例中的某银行来承担。劳务派遣用工应与用工单位的其他职工享受同工同酬的待遇，支付加班费和奖金就是福利待遇的具体体现。用工单位在实际组织生产的过程中，要求工作人员加班加点是在所难免的，同时又由于加班加点具有不特定性，一般不会在用工协议中明确约定其费用的支付情况，但依据《劳动合同法》第六十二条的规定，支付加班费、绩效奖金，提供与工作岗位相关的福利待遇是用工单位的一项法定义务。

◆ 法律条文

《中华人民共和国劳动合同法》

第六十二条　用工单位应当履行下列义务：

……

（三）支付加班费、绩效奖金，提供与工作岗位相关的福利待遇；

……

深度解析

用工单位在生产经营过程中，可能会出现加班加点的情况，而加班费的支付与数额不可能在劳务派遣协议中与劳务派遣单位事先约定。提供与工作岗位相关的福利待遇是劳务工与用工单位其他职工同工同酬的体现。因此，加班费、绩效奖金、与工作岗位相关的福利待遇等都应当在劳务派遣单位支付的工资之外，由用工单位向被派遣劳动者支付。

55. 被派遣劳动者的培训义务应由哪方承担？

◆ 案例分析

顾某与某劳务派遣公司签订了为期三年的劳动合同，劳动合同对合同期限、工资发放标准、各项福利待遇均作出了明确的约定。签订合同半个月后，顾某和几名同事被安排至某钢铁公司从事保安工作。顾某到该钢铁公司工作后不久，该公司因扩大了生产规模急需车间工人数十名，于是该钢铁公司和劳务派遣公司协商将顾某几人转岗，双方准备拟定补充协议，但是在协商由谁承担劳动者的培训责任时产生了分歧，互相都认为对方应承担培训义务。那么，被派遣劳动者的培训义务应由谁承担呢？

劳务派遣人员的培训应由实际用工单位负责开展。培训对于公司来讲是一笔不小的投入，其为企业增加的隐性收益往往得不到企业的重视，因此，培训经常成为空白环节。在劳务派遣活动中，由于存在派遣单位和接受派遣的单位两方主体，培训这一环节就在两方主体之间出现“踢皮球”的现象。对于该问题，《劳动合同法》第六十二条有明确规定，对在岗被派遣劳动者进行工作岗位所必需的培训是用工单位的法定义务之一。结合本案，顾某属于在岗的被派遣劳动者，由于用工单位工作需要而转岗，由此产生的培训费用应由用工单位即钢铁公司承担。

◆ 法律条文

《中华人民共和国劳动合同法》

第六十二条 用工单位应当履行下列义务：

……

（四）对在岗被派遣劳动者进行工作岗位所必需的培训；

……

深度解析

派遣单位应当按照用工单位的要求派遣符合后者要求的劳动者。但如果用工单位在接受被派遣劳动者后认为按照本单位的岗位需要进一步对劳动者进行培训的，则由用工单位自己负责对在岗被派遣劳动者进行岗位所必需的培训，该费用由用工单位承担。

56. 什么情况下，劳务派遣人员可以要求与劳务派遣公司解除劳动合同？

◆ 案例分析

李某大专毕业后与某劳务派遣公司签订了为期两年的劳动合同，合同约定由公司为李某发放工资。后李某被派往某商贸公司从事临时文员的工作，于是劳务派遣公司与商贸公司签订了《劳务派遣协议》，协议约定了李某的试用期、工资待遇、休息休假等情况。李某到商贸公司后顺利通过试用期，并在该商贸公司工作了半年时间。但由于劳务派遣公司经常不按时发放工资，还经常以各种理由克扣工资，于是李某决定辞职。她以劳务派遣公司不能足额支付劳动报酬为由，通过电子邮件的方式向劳务派遣公司的邮箱发送了“终止劳动合同的告知书”。那么，李某与劳务派遣公司能解除劳动合同吗？什么情况下劳务派遣人员可以要求与劳务派遣公司解除劳动合同？

李某可以与劳务派遣公司解除劳动合同，在劳务派遣公司收到李某电子邮件时双方的劳动关系就可以解除了。《劳动合同法》第六十条第二款规定：“劳务派遣单位不得克扣用工单位按照劳务派遣协议支付给被派遣劳动者的劳动报酬。”因此，劳务派遣公司不得克扣李某的劳动报酬。对于劳务派遣单位的恶意克扣行为，《劳动合同法》第三十八条作出了明确规定，用人单位未及时足额支付劳动报酬的，劳动者可以解除劳动合同。据此可知，劳务派遣单位作为用人单位，在出现不及时足额地支付劳动报酬的情形时，李某可以解除劳动合同。

◆ 法律条文

《中华人民共和国劳动合同法》

第三十八条第一款　用人单位有下列情形之一的，劳动者可以解除劳动合同：

……

（二）未及时足额支付劳动报酬的；

……

第六十条第二款　劳务派遣单位不得克扣用工单位按照劳务派遣协议支付给被派遣劳动者的劳动报酬。

深度解析

基于劳务派遣存在三方关系，缺乏必要的法律规制，某些不规范的劳务派遣单位利用便利随意克扣劳动者工资，被派遣劳动者的权益极易受到侵犯。我国在立法上对劳务派遣单位作出禁止性规定，不仅保护了劳动者的合法权益，而且维护了社会的公平正义，保障了市场经济健康有序的发展。

57. 出现何种情况时劳务派遣公司可以解除与劳动者之间的劳动合同?

◆ 案例分析

南某与某劳务派遣公司签订了为期三年的劳动合同，合同约定了南某的试用期、工资待遇、保险福利待遇等情况，并向南某讲解了公司的规章制度，南某在所有的规章制度上签了字。后南某被派往某证券公司从事安保工作，南某试用期过后，就经常饮酒后上班，甚至在上班期间偷偷喝酒，证券公司多次劝阻、教育南某，但南某对此充耳不闻，仍然我行我素。证券公司无奈之下将南某退回了劳务派遣公司。南某在等待公司安排派遣任务时，也经常喝酒，还在公司耍酒疯，严重影响了公司的日常经营活动。劳务派遣公司多次批评均被南某置之不理，后劳务派遣公司以南某严重违反公司规章制度为由解除了与南某的劳动合同。那么，在什么情况下，劳务派遣公司可以解除与劳动者之间的劳动合同?

根据《劳动合同法》第六十五条第二款规定：“被派遣劳动者有本法第三十九条和第四十条第一项、第二项规定情形的，用工单位可以将劳动者退回劳务派遣单位，劳务派遣单位依照本法有关规定，可以与劳动者解除劳动合同。”该法第三十九条规定，劳动者严重违反用人单位的规章制度的，用人单位可以解除劳动合同。案例中，南某在上班期间喝酒无法正常工作，且经证券公司多次批评教育仍不改正，证券公司有权将南某退回劳务派遣公司。南某回到劳务派遣公司后，仍然在上班期间喝酒，还在单位耍酒疯，严重影响了公司的正常运营，且经公司多次批评仍不改正，劳务派遣公司可以单方面解除与南某的劳动合同，且不需支付经济补偿金。

◆ 法律条文

《中华人民共和国劳动合同法》

第三十九条　劳动者有下列情形之一的，用人单位可以解除劳动合同：

（一）在试用期间被证明不符合录用条件的；

（二）严重违反用人单位的规章制度的；

（三）严重失职，营私舞弊，给用人单位造成重大损害的；

（四）劳动者同时与其他用人单位建立劳动关系，对完成本单位的工作任务造成严重影响，或者经用人单位提出，拒不改正的；

（五）因本法第二十六条第一款第一项规定的情形致使劳动合同无效的；

（六）被依法追究刑事责任的。

第六十五条第二款　被派遣劳动者有本法第三十九条和第四十条第一项、第二项规定情形的，用工单位可以将劳动者退回劳务派遣单位，劳务派遣单位依照本法有关规定，可以与劳动者解除劳动合同。

深度解析

劳动合同不仅能保护劳动者合法权益，而且能保护用人单位的合法权益。在劳务派遣合同中，当劳动者出现不符合录用条件或者严重违纪违法，以及不胜任工作等情形时，用工单位可以将被派遣的劳动者退回派遣单位，劳务派遣单位可以依照本法有关规定与被派遣劳动者解除劳动合同。

58. 劳动者能到劳务派遣公司从事临时工吗?

◆ 案例分析

马某从事了20多年会计工作，经验非常丰富。他在某大型企业任会计一职，与企业签订了八年的劳动合同，现尚有一年半的劳动合同期限未履行。因马某每个月只需要工作15天，所以他就想到其他企业兼职，但是一直未找到合适的单位。后马某认识了某劳务派遣公司的法定代表人王某，他就想到该劳务派遣公司当临时工，由该公司帮助他寻找合适的工作。那么，马某能成为劳务派遣公司的临时工吗？

《劳动合同法》第五十八条第二款规定："劳务派遣单位应当与被派遣劳动者订立二年以上的固定期限劳动合同，按月支付劳动报酬；被派遣劳动者在无工作期间，劳务派遣单位应当按照所在地人民政府规定的最低工资标准，向其按月支付报酬。"根据本条规定，劳务派遣单位应当与被派遣劳动者订立二年以上的固定期限劳动合同，而非全日制用工。非全日制用工属于一种灵活的用工形式，双方当事人可以订立口头协议，而且可以随时提出终止用工，这与劳务派遣必须订立二年以上的固定期限劳动合同的规定显然冲突。《劳动合同法实施条例》第三十条规定："劳务派遣单位不得以非全日制用工形式招用被派遣劳动者。"本条对劳务派遣单位招用非全日制用工作出了明确的禁止。因此，马某想到劳务派遣公司任临时工的想法是与法律规定相悖的。

◆ 法律条文

《中华人民共和国劳动合同法》

第五十八条第二款 劳务派遣单位应当与被派遣劳动者订立二年以上的固定期限劳动合同，按月支付劳动报酬；被派遣劳动者在无工作期间，劳务派遣单位应当按照所在地人民政府规定的最低工资标准，向其按月支付报酬。

《中华人民共和国劳动合同法实施条例》

第三十条 劳务派遣单位不得以非全日制用工形式招用被派遣劳动者。

深度解析

《劳动合同法》将劳务派遣作为全日制用工的特殊形式，是在全日制用工的基础上所作的特别规定，劳务派遣应当按照全日制用工和劳务派遣的特别规定进行规范。因此，实施条例明确规定，劳务派遣单位不得以非全日制用工形式招用被派遣劳动者。至于劳务派遣单位是否可以向用工单位派遣劳动者从事非全日制工作，并不作限制性规定。

第九章
安全生产与工作纪律法律知识

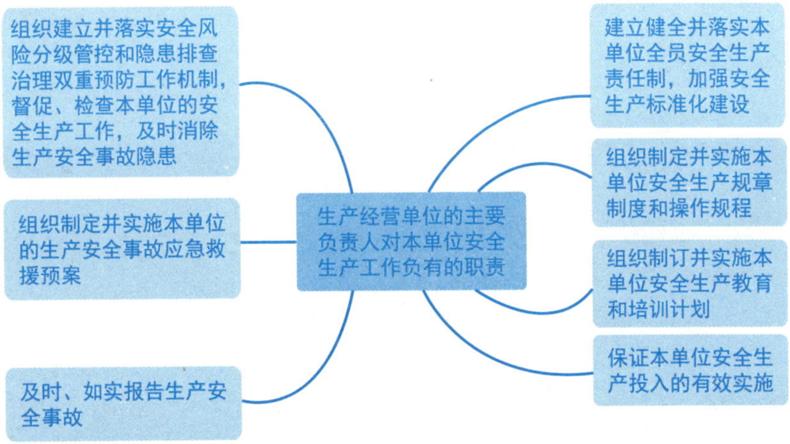
生产经营单位的主要负责人对本单位安全生产工作负有的职责
组织建立并落实安全风险分级管控和隐患排查治理双重预防工作机制，督促、检查本单位的安全生产工作，及时消除生产安全事故隐患
组织制定并实施本单位的生产安全事故应急救援预案
及时、如实报告生产安全事故
建立健全并落实本单位全员安全生产责任制，加强安全生产标准化建设
组织制定并实施本单位安全生产规章制度和操作规程
组织制订并实施本单位安全生产教育和培训计划
保证本单位安全生产投入的有效实施

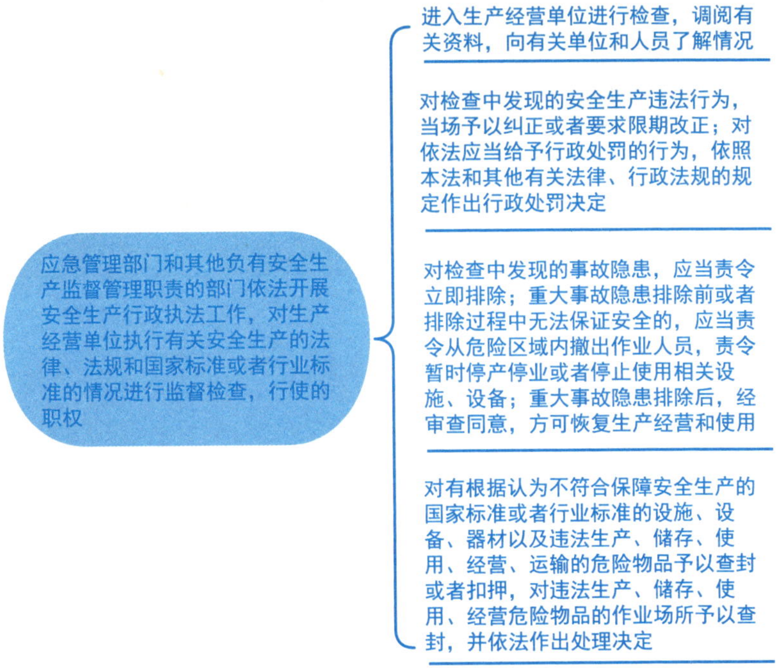
应急管理部门和其他负有安全生产监督管理职责的部门依法开展安全生产行政执法工作，对生产经营单位执行有关安全生产的法律、法规和国家标准或者行业标准的情况进行监督检查，行使的职权
进入生产经营单位进行检查，调阅有关资料，向有关单位和人员了解情况
对检查中发现的安全生产违法行为，当场予以纠正或者要求限期改正；对依法应当给予行政处罚的行为，依照本法和其他有关法律、行政法规的规定作出行政处罚决定
对检查中发现的事故隐患，应当责令立即排除；重大事故隐患排除前或者排除过程中无法保证安全的，应当责令从危险区域内撤出作业人员，责令暂时停产停业或者停止使用相关设施、设备；重大事故隐患排除后，经审查同意，方可恢复生产经营和使用
对有根据认为不符合保障安全生产的国家标准或者行业标准的设施、设备、器材以及违法生产、储存、使用、经营、运输的危险物品予以查封或者扣押，对违法生产、储存、使用、经营危险物品的作业场所予以查封，并依法作出处理决定

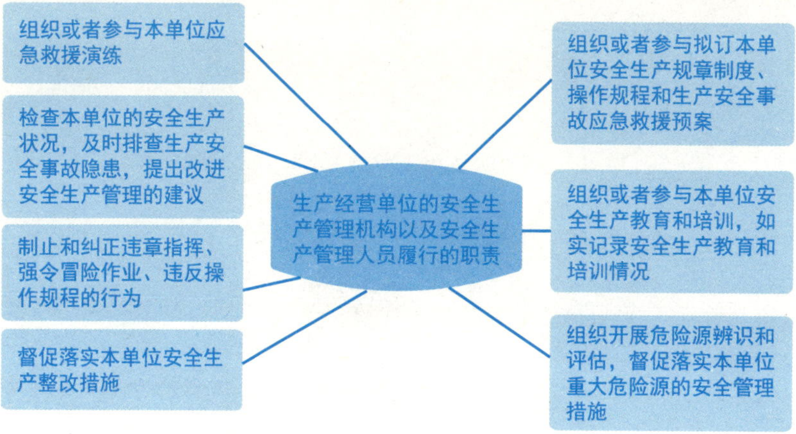
生产经营单位的安全生产管理机构以及安全生产管理人员履行的职责
组织或者参与拟订本单位安全生产规章制度、操作规程和生产安全事故应急救援预案
组织或者参与本单位安全生产教育和培训，如实记录安全生产教育和培训情况
组织开展危险源辨识和评估，督促落实本单位重大危险源的安全管理措施
组织或者参与本单位应急救援演练
检查本单位的安全生产状况，及时排查生产安全事故隐患，提出改进安全生产管理的建议
制止和纠正违章指挥、强令冒险作业、违反操作规程的行为
督促落实本单位安全生产整改措施

从业人员的安全生产权利和义务

权利

- 与单位签订劳动合同，且应载明有关保障从业人员劳动安全、防止职业危害的事项，以及依法为从业人员办理工伤保险的事项。生产经营单位不得以任何形式与从业人员订立协议，免除或者减轻其对从业人员因生产安全事故伤亡依法应承担的责任
- 了解其作业场所和工作岗位存在的危险因素、防范措施及事故应急措施，对本单位的安全生产工作提出建议
- 对本单位安全生产工作中存在的问题提出批评、检举、控告；拒绝违章指挥和强令冒险作业
- 发现直接危及人身安全的紧急情况时，有权停止作业或者在采取可能的应急措施后撤离作业场所
- 发生生产安全事故后，得到单位的及时救治措施；依法享有工伤保险；依照有关民事法律尚有获得赔偿的权利的，有权提出赔偿要求

义务

- 严格落实岗位安全责任，遵守本单位的安全生产规章制度和操作规程，服从管理，正确佩戴和使用劳动防护用品
- 接受安全生产教育和培训，掌握本职工作所需的安全生产知识，提高安全生产技能，增强事故预防和应急处理能力
- 发现事故隐患或者其他不安全因素，应当立即向现场安全生产管理人员或者本单位负责人报告；接到报告的人员应当及时予以处理

59. 化工厂可以把职工的住处安排在车间旁边吗？

◆ 案例分析

肖某大学学习化工专业，毕业后进入某化工企业。初到企业的大学生都要到车间进行实习，肖某开始实习后发现自己的员工宿舍位于化工厂车间旁边仅有一墙之隔的一栋建筑中。这让他在每晚睡觉时都感到害怕，于是他向领导提出该问题。企业领导则回应为了方便职工上下班，表示在此之前从未发生过事故，并教导肖某要服从企业安排。化工厂这样安排是合理的吗？是否违反相关的法律规定呢？

化工厂是从事化学工业的工厂，周围的环境受化工厂的影响，质量比较差，水质和空气容易受到污染。化工厂多释放有毒有害气体，易发生爆炸。我国《安全生产法》第四十二条第一款明确规定："生产、经营、储存、使用危险物品的车间、商店、仓库不得与员工宿舍在同一座建筑物内，并应当与员工宿舍保持安全距离。"在本案中，生产车间会产生有毒气体，该化工厂将员工宿舍盖在车间隔壁，使宿舍与车间没有保持安全距离，致使居住的员工身体健康和生命安全受到威胁，违反了法律规定。综上所述，肖某可以要求企业变更宿舍的安排，否则企业可能受到罚款、责令停产停业整顿的处罚，甚至可能被追究刑事责任。

◆ 法律条文

《中华人民共和国安全生产法》

第四十二条第一款 生产、经营、储存、使用危险物品的车间、商店、仓库不得与员工宿舍在同一座建筑物内，并应当与员工宿舍保持安全距离。

第一百零五条 生产经营单位有下列行为之一的，责令限期改正，处五万元以下的罚款，对其直接负责的主管人员和其他直接责任人员处一万元以下的罚款；逾期未改正的，责令停产停业整顿；构成犯罪的，依照刑法有关规定追究刑事责任：

（一）生产、经营、储存、使用危险物品的车间、商店、仓库与员工宿舍在同一座建筑内，或者与员工宿舍的距离不符合安全要求的；

……

深度解析

为了保障单位员工的生命财产安全，生产、经营、储存、使用危险物品的车间、商店、仓库不得与员工宿舍在同一座建筑物内，并应当与员工宿舍保持安全距离。实践中，确实有一些生产、经营、使用、储存危险物品的单位为了追求经济利益，节省开支，不顾员工的生命财产安全，将单位的生产车间、仓库和员工宿舍设在同一座建筑物内，一旦发生安全事故，特别是发生爆炸、中毒、火灾事故，往往蔓延迅速，极易导致群死群伤的恶性事故。因此，生产经营单位不得以任何理由违反上述规定，员工也应当提高自我保护意识，拒绝入住生产经营单位提供的违反安全要求的宿舍，并有权向有关部门检举。

60. 工厂是否可以将工人封锁在车间内进行劳动？

◆ 案例分析

张某是某零件加工厂车间的一名员工，因为该种零件市场价格较高，所以经常有员工利用各种机会将零件带出车间自行售卖，工厂发现后便采取措施，每天上班之后就封锁所有的出口，包括安全出口，只留两个大门由专人看守，在工作时间不允许自由进出，并且每次进出都要进行检查。这使张某非常不满，他认为自己并没有损害工厂的利益，反而被锁在车间内工作，工厂严重侵犯了自己的权利。工厂是否可以这样做呢？

工厂是容易发生安全事故的地方。工厂的主管人员要对工人的人身安全负责，一味地追求经济利益而忽视生命安全的做法是不被法律允许的。我国《安全生产法》第四十二条第二款规定："生产经营场所和员工宿舍应当设有符合紧急疏散要求、标志明显、保持畅通的出口、疏散通道。禁止占用、锁闭、封堵生产经营场所或者员工宿舍的出口、疏散通道。"在本案中，该工厂封锁了所有安全出口，并且不允许员工自由进出，一是限制了工人的人身自由；二是一旦发生安全事故，不能及时疏散工人，会造成巨大的人员伤亡，不符合法律有关禁止锁闭、封堵生产经营场所出口的规定。因此，工厂不能将工人封锁在车间干活，否则会受到法律的惩罚。

◆ 法律条文

《中华人民共和国安全生产法》

第四十二条第二款　生产经营场所和员工宿舍应当设有符合紧急疏散要求、标志明显、保持畅通的出口、疏散通道。禁止占用、锁闭、封堵生产经营场所或者员工宿舍的出口、疏散通道。

第一百零五条　生产经营单位有下列行为之一的，责令限期改正，处五万元以下的罚款，对其直接负责的主管人员和其他直接责任人员处一万元以下的罚款；逾期未改正的，责令停产停业整顿；构成犯罪的，依照刑法有关规定追究刑事责任：

……

（二）生产经营场所和员工宿舍未设有符合紧急疏散需要、标志明显、保持畅通的出口、疏散通道，或者占用、锁闭、封堵生产经营场所或者员工宿舍出口、疏散通道的。

深度解析

安全生产，预防为主，生产经营单位应当采取措施，防止生产安全事故的发生。但是，生产经营活动是一个复杂的过程，多种因素都可能对生产经营单位的安全生产造成影响，即使采取了防范措施，也不可能杜绝生产安全事故的发生。因此，生产经营单位应当事先做好发生事故的准备，并采取措施，防止事故扩大。因此，保证生产经营场所和员工宿舍出口、疏散通道的畅通十分重要。

这一方面有利于发生生产安全事故时从业人员的撤离，减少人员的伤亡；另一方面也有利于救援队伍及时进入事故现场，开展抢救工作，防止事故扩大，尽量减少事故造成的损失。

61. 生产经营单位是否应当为员工提供必需的劳动防护用品?

◆ 案例分析

王某上大学后，其父亲为了给她挣学费，在当地的一个煤矿里打工挣钱。打工一段时间之后王某父亲开始咳嗽，经过检查是因为吸入粉尘过多，医院建议在工作的时候佩戴防尘口罩。王某的父亲回到煤矿上之后要求负责人提供防尘口罩，却被拒绝。王某的父亲无奈之下只好继续下井工作，王某知道后坚决要求煤矿提供防尘口罩，其认为这是煤矿的责任，否则触犯法律。请问王某的坚持有法律依据吗?

煤矿从业人员受到的职业危害严重，其中以粉尘危害最为突出，员工易患尘肺病。因此，做好工人的呼吸防护尤为重要。为劳动者提供合格的劳动防护用品，也是每个企业义不容辞的责任。我国《安全生产法》第四十五条明确规定："生产经营单位必须为从业人员提供符合国家标准或者行业标准的劳动防护用品，并监督、教育从业人员按照使用规则佩戴、使用。"在本案中，煤矿的做法是错误的，煤矿不为员工提供防尘口罩，明显不符合国家标准和行业标准。根据法律规定，该煤矿必须为员工提供合格的防尘口罩等劳动防护用品，重视员工的身体健康，并且监督、教育员工按照规定佩戴和使用。也就是说，劳动防护用品应当由煤矿来购买，王某的坚持是正确且有法律依据的。

◆ 法律条文

《中华人民共和国安全生产法》

第四十五条 生产经营单位必须为从业人员提供符合国家标准或者行业标准的劳动防护用品，并监督、教育从业人员按照使用规则佩戴、使用。

第四十七条 生产经营单位应当安排用于配备劳动防护用品、进行安全生产培训的经费。

第九十九条 生产经营单位有下列行为之一的，责令限期改正，处五万元以下的罚款；逾期未改正的，处五万元以上二十万元以下的罚款，对其直接负责的主管人员和其他直接责任人员处一万元以上二万元以下的罚款；情节严重的，责令停产停业整顿；构成犯罪的，依照刑法有关规定追究刑事责任：

……

（五）未为从业人员提供符合国家标准或者行业标准的劳动防护用品的；

……

深度解析

劳动防护用品是保护从业人员安全所采取的必不可少的辅助措施，在某种意义上说，它是劳动者防止职业伤害的最后一项措施。在劳动条件差、危害程度高或集体防护措施起不到防护作用的情况下，劳动防护用品会成为保护劳动者的主要措施。生产经营单位为劳动者提供的劳动防护用品，应该是符合国家标准或者行业标准的、合格的劳动防护用品，只有这样，才能真正起到保障劳动者劳动安全的作用。生产经营单位必须为从业人员提供符合国家标准或者行业标准的劳动防护用品，不得以货币或者其他物品替代劳动防护用品。

62. 劳动者对于工作岗位存在的危险因素是否有知情权?

◆ 案例分析

夏某所在的公司破产之后，他四处找工作，最终找到一家化工研究企业，经过面试之后与企业签订了劳动合同，当日就准备上岗工作。工作之前夏某考虑到化工企业可能存在的安全问题较多，便向公司询问可能发生的安全隐患以及应对措施，并建议公司主动对即将上岗的员工进行专业的培训，却被公司以工作太忙没有人员负责相关事项为由拒绝。公司的做法是否妥当？夏某是否有权要求公司告知存在的危险因素？

工作环境中存在的各种危险因素对于劳动者的人身安全都会构成潜在的威胁，因此需要劳动者在工作过程中进行有效的防范，并且了解、掌握相应的防范和应急措施，来确保自身的人身安全得到更好的保护。我国《安全生产法》第五十三条规定："生产经营单位的从业人员有权了解其作业场所和工作岗位存在的危险因素、防范措施及事故应急措施，有权对本单位的安全生产工作提出建议。"本案中，化工研究公司以工作太忙没有人员负责相关事项为由拒绝了夏某的请求，其做法既是毫无根据的，又侵犯了夏某作为劳动者的知情权。化工行业作为高危行业，本身存在的风险就相对较大。因此，从业人员应当对自己工作的场所和危险因素有一定的了解，并且企业本身应该对劳动者进行相关的安全防范技能的培训，所以夏某的诉求是合理合法的，应该得到支持。

◆ 法律条文

《中华人民共和国安全生产法》

第五十三条 生产经营单位的从业人员有权了解其作业场所和工作岗位存在的危险因素、防范措施及事故应急措施，有权对本单位的安全生产工作提出建议。

深度解析

劳动者对自己从事的岗位和工作环境所存在的危险因素等享有知情权和建议权，知情权包括三个方面：一是工作所存在的危险因素；二是单位针对危险的防范措施；三是发生事故的应急措施。这三个方面都应当告知劳动者。知情权和建议权是劳动者作为生产经营单位的主体对企业以及个人负责任的权利，其中涉及安全生产工作更是劳动者知情权和建议权的重中之重。

63. 员工作业时遇到直接危及人身安全的紧急情况而撤离现场，是否需要承担责任？

◆ 案例分析

某电力公司的工作人员周某在维修电路的时候，天气骤变，下起了暴雨。为了防止意外触电，周某立即停止维修离开现场。该路段的电路因为周某没有维修完成，导致短路起火，烧毁了很大一部分线路。电力公司认为周某中途离开，没有有效维护电路安全是这起事故的起因，决定扣除周某的工资，并与周某解除劳动合同。周某在紧急情况下离开是为了保护自己的安全，这种情况是否要为公司的损失埋单？

在生产作业过程中，存在各种各样的突发事件，有的甚至危及作业人员的人身安全。作业人员为了保护自身的人身安全，进行紧急的避险或在采取了相应的措施后迅速撤离，导致生产单位的财产受损，这是情势危急情况下的人身安全选择。生产单位不得因这一特殊原由而改变对从业人员的待遇，或者要求从业人员进行赔偿。我国《安全生产法》第五十五条规定："从业人员发现直接危及人身安全的紧急情况时，有权停止作业或者在采取可能的应急措施后撤离作业场所。生产经营单位不得因从业人员在前款紧急情况下停止作业或者采取紧急撤离措施而降低其工资、福利等待遇或者解除与其订立的劳动合同。"在本案中，周某为了躲避突然降雨导致触电而造成生命危险，紧急停止工作离开，在客观条件与情势缘由上均符合我国法律的规定，因此电力公司克扣周某工资进行赔偿，并要求与周某解除用工合同的做法是严重违法的，周某应当依法维护自己的合法权益。

◆ 法律条文

《中华人民共和国安全生产法》

第五十五条　从业人员发现直接危及人身安全的紧急情况时，有权停止作业或者在采取可能的应急措施后撤离作业场所。

生产经营单位不得因从业人员在前款紧急情况下停止作业或者采取紧急撤离措施而降低其工资、福利等待遇或者解除与其订立的劳动合同。

深度解析

从业人员发现直接危及人身安全的紧急情况时，有权停止作业或者在采取可能的应急措施后撤离作业场所。这是在法律所限定的特定情况下，赋予从业人员采取特定措施的权利，简称紧急撤离权，目的是保护从业人员的人身安全。法律所限定的特定情况是“发现直接危及人身安全的紧急情况”，这是从业人员行使紧急撤离权的前提条件，也就是说从业人员的紧急撤离权，需要在法律所限定的特定情况下行使，即发现直接危及人身安全的紧急情况，如果不撤离会对其生命安全和健康造成直接的威胁。在这种情况下，法律赋予从业人员权利采取特定措施：停止作业或者在采取可能的应急措施后撤离作业场所。

64. 工伤受害员工除工伤保险外是否可以向企业要求民事赔偿?

◆ 案例分析

吴某在某纺织厂工作期间，厂房电路短路起火导致火灾，在这起火灾中吴某丧生。事故发生后，国家依法追究了相关责任人的责任，并由保险公司赔付了受害者家属包括吴某家属工伤保险金。但吴某家属认为纺织厂还应当支付赔偿金，遂要求纺织厂支付。纺织厂以事故非人为因素所致、相关责任已经追究完毕为由，拒绝赔偿。请问纺织厂在吴某家属获得工伤保险金的情况下是否可以不予赔偿?

工伤保险是国家或社会为生产、工作中遭受到生产安全事故伤害的劳动者及家属提供相应的医疗救治、生活保障等方面的帮助的一种社会保障制度。企业员工在生产过程中产生安全事故，依照《保险法》及《劳动法》的相关规定，理应获得与之对应的保险金额的赔付。但是，企业作为安全管理责任承担者，也应该对生产安全事故产生的后果进行必要的赔偿。我国《安全生产法》第五十六条第二款明确规定："因生产安全事故受到损害的从业人员，除依法享有工伤保险外，依照有关民事法律尚有获得赔偿的权利的，有权提出赔偿要求。"在本案中，吴某因为安全生产事故身亡，作为吴某的家属，理应取得工伤保险的赔偿金。同时，吴某的家属也有权向事故发生的纺织厂索要相应的民事赔偿金，这些诉求是符合法律规定的。

◆ 法律条文

《中华人民共和国安全生产法》

第五十六条　生产经营单位发生生产安全事故后，应当及时采取措施救治有关人员。

因生产安全事故受到损害的从业人员，除依法享有工伤保险外，依照有关民事法律尚有获得赔偿的权利的，有权提出赔偿要求。

深度解析

用人单位缴纳费用、职工参加工伤保险的制度有利于生产经营单位分散风险，帮助解决劳动者工伤情况下的相关费用，但因为其赔偿标准并不高，无法弥补受害人及家属的损失，所以并不绝对排除生产经营单位在劳动者遭受工伤时的民事赔偿责任，这是为了确保从业人员在因生产安全事故遭受损害的情况下可以获得充分、合理的赔偿。

65. 员工上岗前是否必须接受安全生产教育和培训?

◆ 案例分析

冯某从事电焊行业多年，其在一家建筑公司内工作感到不满意，便跳槽到了另一个施工单位。在冯某上岗工作前，施工单位安排了数天的安全生产教育和培训。但冯某认为自己干这行多年，已经完全掌握所需技能，便请求不参加培训，表示可以直接开工。可是施工单位坚决不批准，要求冯某必须参加。请问冯某在熟练掌握电焊技能的情况下还有必要参加安全生产教育和培训吗?

安全生产教育和培训的内容包括：安全生产法律法规、本单位安全生产规章制度和安全操作规程；本单位安全生产形势、厂区布局及特殊危险场所的位置、有毒有害因素及必须遵守的安全事项；劳动防护用品的性能及正确使用方法；通用安全技术知识；事故预防和应急处理知识；等等。这是现代社会从业人员所应当具备的基本素质。以从业人员的角度看，如果其不接受教育和培训，则也很难取得好的效果。鉴于此，我国《安全生产法》第五十八条明确规定："从业人员应当接受安全生产教育和培训，掌握本职工作所需的安全生产知识，提高安全生产技能，增强事故预防和应急处理能力。"从业人员应接受安全生产教育和培训，这是从业人员的一项法定义务。本案中，冯某作为施工单位的作业人员，从事的是较危险的工作，施工的复杂性和多样性，要求施工人员必须具备较完备的安全生产知识和安全生产技能，不仅是专业技能，还包括许多其他的安全知识。所以冯某必须接受培训，不能拒绝法定的义务。

◆ 法律条文

《中华人民共和国安全生产法》

第五十八条　从业人员应当接受安全生产教育和培训，掌握本职工作所需的安全生产知识，提高安全生产技能，增强事故预防和应急处理能力。

深度解析

安全教育培训作为防止事故发生，保证安全生产的重要手段，包括多项内容：一是安全意识教育，其中思想认识教育和劳动纪律教育都必不可少；二是安全知识教育，包括生产经营过程中的各个方面；三是安全技能教育，包括设备的性能原理以及事故的预防等技能。这些内容即便同一个职业的不同单位之间也存在差异，因此上岗作业之前必须经过专门的安全教育培训。

66. 员工不服从管理违反安全生产操作规程的，单位可以怎么办？

◆ 案例分析

沈某拥有驾驶挖掘机的技能，在一家建筑公司工作。在一次施工现场，沈某违反公司规定，在上岗工作之前与好友喝了一些酒，下午工作时间仍继续驾驶挖掘机进行作业，但酒后反应出现迟钝，挖掘机在工作中撞上了工地内装沙子的车辆，导致货车司机受伤并且损坏了货车，下午的作业任务也没有完成，使公司遭受了较大的损失。对于这种员工违反安全生产操作规程导致的事故，生产经营单位可以如何处理该员工？

在实际生产经营作业过程中起决定作用的是人的因素，因此我国法律对违反安全生产规章制度或者操作规程的从业人员规定了处罚措施，以建立有效的约束机制，促使从业人员服从管理，遵章守纪，规范操作。本案中驾驶挖掘机作业具有一定的危险性，若相关人员遵守安全生产操作规程作业，是可以避免事故的。但由于沈某不落实岗位安全责任，不服从管理，饮酒后驾驶挖掘机的违规行为造成了与货车碰撞的安全事故。单位经调查落实责任，应视具体情形分别对沈某给予警告、记过、记大过、降低工资级别、留用察看、开除等处分；若构成犯罪，则应依法追究其刑事责任。

◆ 法律条文

《中华人民共和国安全生产法》

第一百零七条　生产经营单位的从业人员不落实岗位安全责任，不服从管理，违反安全生产规章制度或者操作规程的，由生产经营单位给予批评教育，依照有关规章制度给予处分；构成犯罪的，依照刑法有关规定追究刑事责任。

深度解析

从业人员在作业过程中，应当严格遵守本单位的安全生产规章制度和操作规程，落实岗位安全责任，服从管理，正确佩戴和使用劳动防护用品。这是从业人员的义务，也是保障安全生产的一个必要条件，从业人员必须遵守。如果违反了法律规定的这项义务，就要依法承担相应的责任。

第十章
职工参与企业管理法律知识

有限责任公司的董事会行使的职权

- 召集股东会会议，并向股东会报告工作
- 执行股东会的决议
- 决定公司的经营计划和投资方案
- 制订公司的年度财务预算方案、决算方案
- 制订公司的利润分配方案和弥补亏损方案
- 制订公司增加或者减少注册资本以及发行公司债券的方案
- 制订公司合并、分立、解散或者变更公司形式的方案
- 决定公司内部管理机构的设置
- 决定聘任或者解聘公司经理及其报酬事项，并根据经理的提名决定聘任或者解聘公司副经理、财务负责人及其报酬事项
- 制定公司的基本管理制度
- 公司章程规定的其他职权

有限责任公司的监事会（不设监事会的公司的监事）行使的职权

- 检查公司财务
- 对董事、高级管理人员执行公司职务的行为进行监督，对违反法律、行政法规、公司章程或者股东会决议的董事、高级管理人员提出罢免的建议
- 当董事、高级管理人员的行为损害公司的利益时，要求董事、高级管理人员予以纠正
- 提议召开临时股东会会议，在董事会不履行本法规定的召集和主持股东会会议职责时召集和主持股东会会议
- 向股东会会议提出提案
- 依法对董事、高级管理人员提起诉讼
- 公司章程规定的其他职权

不得担任公司的董事、监事、高级管理人员的情形

- 无民事行为能力或者限制民事行为能力
- 因贪污、贿赂、侵占财产、挪用财产或者破坏社会主义市场经济秩序，被判处刑罚，执行期满未逾五年，或者因犯罪被剥夺政治权利，执行期满未逾五年
- 担任破产清算的公司、企业的董事或者厂长、经理，对该公司、企业的破产负有个人责任的，自该公司、企业破产清算完结之日起未逾三年
- 担任因违法被吊销营业执照、责令关闭的公司、企业的法定代表人，并负有个人责任的，自该公司、企业被吊销营业执照之日起未逾三年
- 个人所负数额较大的债务到期未清偿

针对企业、事业单位侵犯职工劳动权益的情形

- 克扣职工工资的
- 不提供劳动安全卫生条件的
- 随意延长劳动时间的
- 侵犯女职工和未成年工特殊权益的
- 其他严重侵犯职工劳动权益的

工会的处理权限

- 工会应当代表职工与企业、事业单位交涉，要求企业、事业单位采取措施予以改正
- 企业、事业单位应当予以研究处理，并向工会作出答复
- 企业、事业单位拒不改正的，工会可以请求当地人民政府依法作出处理

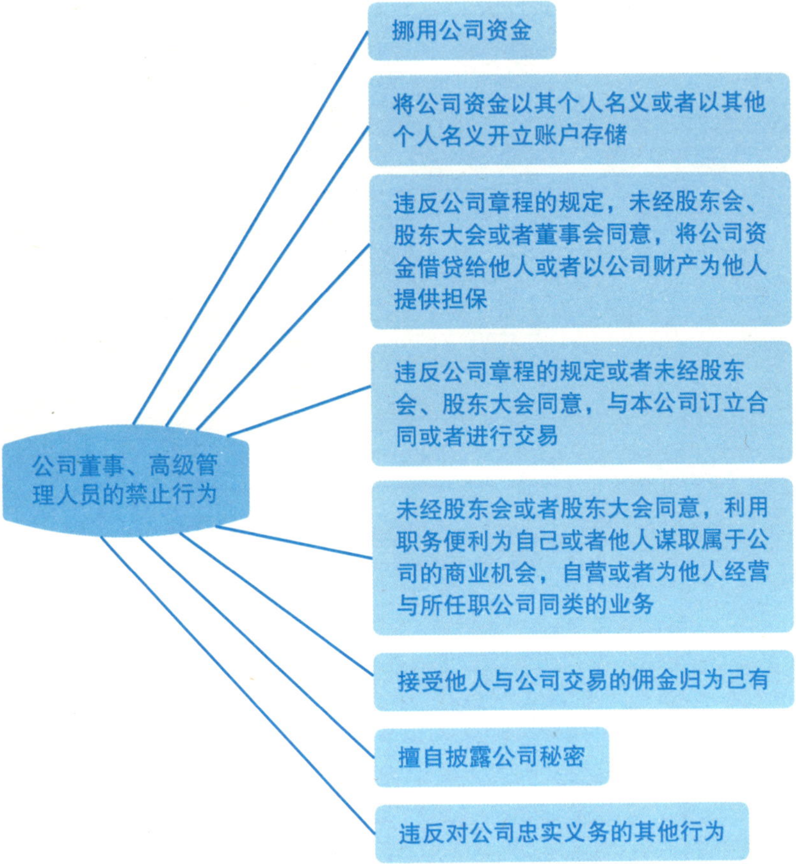
公司董事、高级管理人员的禁止行为
挪用公司资金
将公司资金以其个人名义或者以其他个人名义开立账户存储
违反公司章程的规定，未经股东会、股东大会或者董事会同意，将公司资金借贷给他人或者以公司财产为他人提供担保
违反公司章程的规定或者未经股东会、股东大会同意，与本公司订立合同或者进行交易
未经股东会或者股东大会同意，利用职务便利为自己或者他人谋取属于公司的商业机会，自营或者为他人经营与所任职公司同类的业务
接受他人与公司交易的佣金归为己有
擅自披露公司秘密
违反对公司忠实义务的其他行为

67. 企业符合什么条件时应当建立工会？

◆ 案例分析

李某是某市高科技国有企业的一名老职工。早年间因为该市经济发展一般，高科技领域的事务并不繁忙，因此只有 23 名员工。后来，随着经济的发展，高科技领域成为带动城市发展的重要动力，因此该国有企业的规模扩大到 236 人。李某在该公司工作了十几年，发现很多事情需要一个组织来维护职工利益，但苦于多年来公司都没有建立工会。李某想向领导建议组建工会。那么，法律对此是如何规定的？该国有企业符合建立工会的条件吗？

工会是职工自愿结合的工人阶级的群众组织。我国《工会法》第十条第一款规定："企业、事业单位、机关有会员二十五人以上的，应当建立基层工会委员会；不足二十五人的，可以单独建立基层工会委员会，也可以由两个以上单位的会员联合建立基层工会委员会，也可以选举组织员一人，组织会员开展活动。"由此可见，在本案中，该国有企业人数已经符合建立工会的规定，应当成立工会，作为员工的代言人，以充分保障员工的合法权益。

◆ 法律条文

《中华人民共和国工会法》

第十条　企业、事业单位、机关有会员二十五人以上的，应当建立基层工会委员会；不足二十五人的，可以单独建立基层工会委员会，也可以由两个以上单位的会员联合建立基层工会委员会，也可以选举组织员一人，组织会员开展活动。女职工人数较多的，可以建立工会女职工委员会，在同级工会领导下开展工作；女职工人数较少的，可以在工会委员会中设女职工委员。

企业职工较多的乡镇、城市街道，可以建立基层工会的联合会。

县级以上地方建立地方各级总工会。

同一行业或者性质相近的几个行业，可以根据需要建立全国的或者地方的产业工会。

全国建立统一的中华全国总工会。

深度解析

工会要按照《工会法》的要求，建立基层工会委员会，基层工会委员会由基层工会组织的会员大会或会员代表大会依照《工会法》和工会章程定期选举产生。基层工会委员会要经过选举把工会小组建设好。这样才能使基层工会的工作通过组织系统有效地落实到群众中，并且使群众的意见和要求通过组织系统很快地集中起来。

68. 公司裁员要经过工会吗？

◆ 案例分析

2019 年年初，某国有大型企业进行内部人员大规模调整，委派一名新的经理邢某接管某子公司的经营管理。邢某为人耿直，对工作要求非常高。邢某接手公司后，认为公司人员过于冗杂，这样不仅浪费公司资源，而且造成工作效率低下，带坏整个公司的风气，于是决定适当裁员。经仔细研究，邢某最后确定了 37 名人员，并通知其办理手续后尽快离职。有员工表示公司的做法不合法，没有经过工会。那么，企业裁员需要经过工会吗？

我国《劳动法》第二十七条第一款规定："用人单位濒临破产进行法定整顿期间或者生产经营状况发生严重困难，确需裁减人员的，应当提前三十日向工会或者全体职工说明情况，听取工会或者职工的意见，经向劳动行政部门报告后，可以裁减人员。"我国《工会法》第二十一条第二款也规定："企业单方面解除职工劳动合同时，应当事先将理由通知工会，工会认为企业违反法律、法规和有关合同，要求重新研究处理时，企业应当研究工会的意见，并将处理结果书面通知工会。"由此可见，公司在符合法定条件时，可以裁员，但裁员应当通知工会，并听取工会的意见。因此，案例中公司的做法是不合法的。

◆ 法律条文

《中华人民共和国劳动法》

第二十七条第一款 用人单位濒临破产进行法定整顿期间或者生产经营状况发生严重困难，确需裁减人员的，应当提前三十日向工会或者全体职工说明情况，听取工会或者职工的意见，经向劳动行政部门报告后，可以裁减人员。

《中华人民共和国工会法》

第二十一条 企业、事业单位处分职工，工会认为不适当的，有权提出意见。

企业单方面解除职工劳动合同时，应当事先将理由通知工会，工会认为企业违反法律、法规和有关合同，要求重新研究处理时，企业应当研究工会的意见，并将处理结果书面通知工会。

职工认为企业侵犯其劳动权益而申请劳动争议仲裁或者向人民法院提起诉讼的，工会应当给予支持和帮助。

深度解析

《工会法》规定了工会对用人单位人事管理的监督权。这一规定有助于保障企业、事业单位处分职工必须依法进行，有助于维护职工合法权益。该法要求企业、事业单位对工会提出的意见认真考虑，采纳合理的建议。这样做有利于维护经营者的权威，带动企业更好地依法行使职权，也有利于职工合法权益不受侵害，稳定职工情绪。应当说明的是，是否解除劳动合同，最后的决定权在企业，这一规定并不影响企业的自主权。

69. 人事部经理制定公司的基本管理制度合法吗?

◆ 案例分析

秦某是跟随任某多年的老员工。两个月前，任某在某二线城市新注册成立了某传媒有限责任公司，并任命秦某为人事部经理。公司开业之初，各方面制度尚未健全，人员管理非常混乱。看到这种情况，秦某自己研究制定了一套公司的基本管理制度，命员工张贴于公司各处，要求全部职工按此制度行事。有员工质疑，认为秦某作为人事部经理制定公司的基本管理制度，太不正规。那么，秦某的这种做法符合法律规定吗?

人事部负责人即人事部经理，全面负责主持公司劳资、人事方面的管理工作，并执行公司各项规程、工作指令。例如，负责组织制定公司各部门的员工工作标准，负责拟定、修改公司人事、劳资统计、劳动纪律等有关管理制度等。但是，人事部经理只能负责其职责范围内的公司员工的一般劳动纪律、制度的制定，并不能制定公司的基本管理制度。本案中，秦某作为人事部经理，他制定公司的基本管理制度的行为属于越权行为，公司的基本管理制度只能由董事会制定，但公司董事会可以对秦某的基本管理制度进行董事会决议，使其合法有效。

◆ 法律条文

《中华人民共和国公司法》

第四十六条　董事会对股东会负责，行使下列职权：

……

（十）制定公司的基本管理制度；

……

深度解析

董事会代表股东会对公司的经营实施监督管理，具体来讲就是评价 CEO 及整个公司的经营业绩，挑选、解聘及奖励 CEO，并监督公司的战略决策与执行。因此，董事会拥有一定的职权，如制定公司的战略规划、经营目标、重大方针和管理原则，提出盈利分配方案供股东大会审议。同时，董事会的职权也受到股东大会的限制。

70. 公司把股票作为奖励发给员工是否合法？

◆ 案例分析

某股份有限公司计划于2019年上市。从2017年起，公司为鼓励大家加倍努力工作，创造更好的业绩，采取了一系列新的奖惩措施，为上市做好充足的准备。其中最受大家关注的一项便是对优秀员工的股票奖励，这意味着大家可以通过自身努力成为公司股东，很多员工因此干劲十足。然而同时也有人质疑这种做法是否合法，认为这是变相收购本公司股份。那么，公司是否可以把股票作为奖励发给员工呢？

股东因持有股票而有权出席股东大会，选举公司董事，参与公司重大决策。股票的转让意味着公司股东的改变，但并不减少公司资本。股东参与公司决策的权利大小取决于其所持有的股份的多少。从实践中看，只要持有的股票数量达到左右决策结果所需的实际多数时，股东就能掌握公司的决策控制权。我国《公司法》规定，公司不得收购本公司股份。如果公司收购本公司股份，那么股东手中的股票就会减少，公司就掌握了公司的决策权，股东的利益将受到损害。但是我国《公司法》又根据实际情况规定，为减少公司注册资本、将股份用于员工持股计划或股权激励等而收购本公司股份的行为则是法律允许的。本案中，收购公司股份是为了奖励给本公司职工，性质上属于股权激励，该行为是合法的。

◆ 法律条文

《中华人民共和国公司法》

第一百四十二条　公司不得收购本公司股份。但是，有下列情形之一的除外：

（一）减少公司注册资本；

（二）与持有本公司股份的其他公司合并；

（三）将股份用于员工持股计划或者股权激励；

（四）股东因对股东大会作出的公司合并、分立决议持异议，要求公司收购其股份；

（五）将股份用于转换上市公司发行的可转换为股票的公司债券；

（六）上市公司为维护公司价值及股东权益所必需。

公司因前款第（一）项、第（二）项规定的情形收购本公司股份的，应当经股东大会决议；公司因前款第（三）项、第（五）项、第（六）项规定的情形收购本公司股份的，可以依照公司章程的规定或者股东大会的授权，经三分之二以上董事出席的董事会会议决议。

公司依照本条第一款规定收购本公司股份后，属于第（一）项情形的，应当自收购之日起十日内注销；属于第（二）项、第（四）项情形的，应当在六个月内转让或者注销；属于第（三）项、第（五）项、第（六）项情形的，公司合计持有的本公司股份数不得超过本公司已发行股份总额的百分之十，并应当在三年内转让或者注销。

上市公司收购本公司股份的，应当依照《中华人民共和国证券法》的规定履行信息披露义务。上市公司因本条第一款第（三）项、第（五）项、第（六）项规定的情形收购本公司股份的，应当通过公开的集中交易方式进行。

公司不得接受本公司的股票作为质押权的标的。

深度解析

公司拥有本公司股份，将使该股份所代表的资本实际上处于虚置的地位，这违反了公司资本充实的原则。因此，各国公司法一般都对公司拥有本公司股份进行限制，原则上禁止、特殊情况下允许。我国也作了类似的规定。近年来，为了激励公司职工，很多股份有限公司都推行职工持股计划，即奖励职工部分本公司股份，从而把职工利益与公司利益联系在一起，激励职工更好地为公司工作。为了推行这一计划，公司就需要收购本公司的股份，再将其发放给职工。这是法律规定的特殊情况之一，是合法的。

71. “法人”和“法人代表”各指什么？二者关系如何？

◆ 案例分析

曹某文化水平不高，早年间凭勤奋苦干攒下了一份家业。2020年年初，曹某在朋友王某的劝说下，投资开了一家制衣有限责任公司。在办理相关手续的时候，曹某发现文件上的公司不叫“公司”，而叫“法人”，自己的身份也不是“老板”而是“法人代表”。初中毕业的曹某有些困惑，便询问王某，但王某也解释不清。那么，“法人”与“法人代表”各指什么？二者的关系如何？

法人是具有民事权利能力和民事行为能力，依法独立享有民事权利和承担民事义务的组织，而法人代表则是依照法律或者法人组织章程规定，代表法人行使职权的负责人。由此可见，法人是一种组织，而法人代表则是代表这种组织行使职权的自然人。也就是说，有法人才会有法人代表。按照我国《民法典》的规定，企业法人应当对它的法定代表人以法人名义从事的民事活动承担民事责任。

◆ 法律条文

《中华人民共和国民法典》

第五十七条　法人是具有民事权利能力和民事行为能力，依法独立享有民事权利和承担民事义务的组织。

第五十九条 法人的民事权利能力和民事行为能力，从法人成立时产生，到法人终止时消灭。

第六十一条 依照法律或者法人章程的规定，代表法人从事民事活动的负责人，为法人的法定代表人。

法定代表人以法人名义从事的民事活动，其法律后果由法人承受。

法人章程或者法人权力机构对法定代表人代表权的限制，不得对抗善意相对人。

深度解析

我国的法定代表人是法人机关的一种，实行单一法定代表人制，即法人的法定代表人只能为一人。通常情形下，法人的正职负责人（如董事长）是法定代表人。法定代表人与法人之间是代表法律关系，代表权是由法律和章程规定的，法定代表人的职务行为就是法人的行为。企业法人要对其法定代表人和其他工作人员的经营活动向第三人负责，但此仅限于职务经营活动及职务侵权行为；对于法定代表人和其他工作人员的个人行为，法人概不负责。

72. 谁是职务发明创造的专利权人？发明人又有何权利？

◆ 案例分析

小周毕业后进入一家软件开发公司工作。2020 年 3 月，公司给小周所在的组下发任务，为将于 2021 年上映的某仙侠类电视剧设计同名手游。小周在组里最年轻，虽然经验不多，但最熟悉当下年轻人的喜好，也最有创造力，因此被委以重任，其他人负责给小周帮忙。几个月后，小周完成了任务，公司很满意。小周非常高兴，认为自己可以有一项专利权了，但公司告知小周专利权属于公司。那么，公司的说法正确吗？小周对该发明创造又有何权利？

现实中很多发明创造都属于职务发明创造。《专利法》第六条第一款规定："执行本单位的任务或者主要是利用本单位的物质技术条件所完成的发明创造为职务发明创造。职务发明创造申请专利的权利属于该单位，申请被批准后，该单位为专利权人。该单位可以依法处置其职务发明创造申请专利的权利和专利权，促进相关发明创造的实施和运用。"该法第十五条规定："被授予专利权的单位应当对职务发明创造的发明人或者设计人给予奖励；发明创造专利实施后，根据其推广应用的范围和取得的经济效益，对发明人或者设计人给予合理的报酬。国家鼓励被授予专利权的单位实行产权激励，采取股权、期权、分红等方式，使发明人或者设计人合理分享创新收益。"

由上述规定可知，职务发明创造的专利申请权和专利权是属于单位的，发明人和设计人有获得奖励和报酬的权利。发明人和设计人可以通过和单位签订合同的方式约定奖励和报酬事项，单位也可以在其规章中规定奖励和报酬的相关事项；如果合同和单位规章中都没有规定的，单位应该按照《专利法》的有关规定给予发明人和设计人合理奖励和报酬。当然，发明人和设计人除了有获得奖励和报酬的权利，还有署名权。因此，本案中的发明人小周有获得奖励和报酬的权利，同时还有署名权。

◆ 法律条文

《中华人民共和国专利法》

第六条 执行本单位的任务或者主要是利用本单位的物质技术条件所完成的发明创造为职务发明创造。职务发明创造申请专利的权利属于该单位，申请被批准后，该单位为专利权人。该单位可以依法处置其职务发明创造申请专利的权利和专利权，促进相关发明创造的实施和运用。

非职务发明创造，申请专利的权利属于发明人或者设计人；申请被批准后，该发明人或者设计人为专利权人。

利用本单位的物质技术条件所完成的发明创造，单位与发明人或者设计人订有合同，对申请专利的权利和专利权的归属作出约定的，从其约定。

第十五条 被授予专利权的单位应当对职务发明创造的发明人或者设计人给予奖励；发明创造专利实施后，根据其推广应用的范围和取得的经济效益，对发明人或者设计人给予合理的报酬。国家鼓励被授予专利权的单位实行产权激励，采取股权、期权、分红等方式，使发明人或者设计人合理分享创新收益。

深度解析

不少国家的专利法都规定，公司、企业的雇员在履行其职务的过程中或者完成雇主专门分派给他的工作中所完成的职务发明创造，其申请专利的权利和专利权归于雇主。我国《专利法》关于职务发明创造专利权归属的规定，与各国的规定大体相同。至于单位与职务发明创造的发明人、设计人之间的利益关系，属于单位内部的关系，应由本单位妥善处理。需要注意的是，法人或其他组织可以成为专利申请权和专利权的主体，但不能作为发明人或设计人。发明人、设计人只能是通过自己的智慧和才能完成发明创造的自然人。

73. 未约定著作权的委托作品的著作权应归谁所有?

◆ 案例分析

自由作家小丁因一部穿越小说赢得了较高的人气，于是上海某出版社向小丁约稿，委托她完成一部集爱情、穿越和悬疑于一体的小说，期望可以大卖。工作人员小方代表出版社与小丁商议了报酬、日期以及小说的细节要求等，但忘了社里要求对著作权归属约定。小说完成后，出版社以为双方约定好了著作权归属于出版社，但被小丁否定。那么，该作品的著作权应归谁?

现实生活中，很多作品都是通过委托方式创作产生的。所谓委托作品是指，一方作为委托方，让受托方按照其要求创作完成的作品。委托作品是由受托方创作完成的，受托方是作品的创作者，但是受托方是受他人的委托才创作作品的。

对于委托作品著作权的归属问题，我国《著作权法》第十九条明确规定:“受委托创作的作品，著作权的归属由委托人和受托人通过合同约定。合同未作明确约定或者没有订立合同的，著作权属于受托人。”由此可见，委托作品的著作权首先通过双方的委托合同来约定，如果合同没有约定，或者双方没有订立委托合同的，著作权属于受托人。这充分体现了法律尊重当事人的意思自治的原则，有约定的按照约定。同时，由于受托方是作品的真正创作者，在没有约定的情况下，法律规定著作权归受托方，这样规定有利于更好地鼓励创作。在本案中，由于当初双方没有就著作权的归属进行约定，那么小说的著作权依法应当归小丁所有。

◆ 法律条文

《中华人民共和国著作权法》

第十九条 受委托创作的作品，著作权的归属由委托人和受托人通过合同约定。合同未作明确约定或者没有订立合同的，著作权属于受托人。

深度解析

在出版界习惯上把受委托创作的作品称为委托作品，委托作品的著作权归属由委托人和受托人（作者）通过合同约定，即著作权中的人身权利和财产权利都可以合同的形式确定。这样规定，主要是考虑到委托人对作品的特殊需求，以便对作品进行控制和利用，避免因著作权一律机械地属于作者给委托人带来不便。如果合同中约定受托人取得一定报酬后，著作权归属委托人，即著作权以合同的形式转移给委托人，则这种著作权与作者分离，大多发生在美术、摄影、地图等作品的创作，这类委托作品不是作者个人意志的创作，要受委托人特定要求的约束。

第十一章
职工违法犯罪法律知识

- 犯罪
  - 故意犯罪
    - 明知自己的行为会发生危害社会的结果，并且希望或者放任这种结果发生，因而构成犯罪的，是故意犯罪
    - 故意犯罪，应当负刑事责任
  - 过失犯罪
    - 应当预见自己的行为可能发生危害社会的结果，因为疏忽大意而没有预见，或者已经预见而轻信能够避免，以致发生这种结果的，是过失犯罪
    - 过失犯罪，法律有规定的才负刑事责任

犯罪的未完成状态

- 犯罪预备
  - 为了犯罪，准备工具、制造条件的，是犯罪预备
    - 对于预备犯，可以比照既遂犯从轻、减轻处罚或者免除处罚
- 犯罪未遂
  - 已经着手实行犯罪，由于犯罪分子意志以外的原因而未得逞的，是犯罪未遂
    - 对于未遂犯，可以比照既遂犯从轻或者减轻处罚
- 犯罪中止
  - 在犯罪过程中，自动放弃犯罪或者自动有效地防止犯罪结果发生的，是犯罪中止
    - 对于中止犯，没有造成损害的，应当免除处罚；造成损害的，应当减轻处罚

- 防卫
  - 正当防卫：为了使国家、公共利益、本人或者他人的人身、财产和其他权利免受正在进行的不法侵害，而采取的制止不法侵害的行为，对不法侵害人造成损害的，属于正当防卫，不负刑事责任
  - 防卫过当：正当防卫明显超过必要限度造成重大损害的，应当负刑事责任，但是应当减轻或者免除处罚
  - 特殊防卫：对正在进行行凶、杀人、抢劫、强奸、绑架以及其他严重危及人身安全的暴力犯罪，采取防卫行为，造成不法侵害人伤亡的，不属于防卫过当，不负刑事责任

- 自首
  - 犯罪以后自动投案，如实供述自己的罪行的，是自首
    - 对于自首的犯罪分子，可以从轻或者减轻处罚。其中，犯罪较轻的，可以免除处罚
  - 被采取强制措施的犯罪嫌疑人、被告人和正在服刑的罪犯，如实供述司法机关还未掌握的本人其他罪行的，以自首论
  - 犯罪嫌疑人虽不具有这些规定的自首情节，但是如实供述自己罪行的，可以从轻处罚；因其如实供述自己罪行，避免特别严重后果发生的，可以减轻处罚

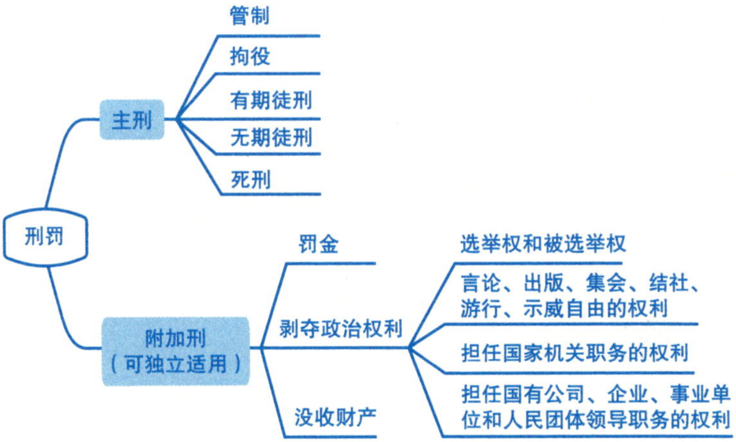
刑罚
主刑
管制
拘役
有期徒刑
无期徒刑
死刑
附加刑（可独立适用）
罚金
剥夺政治权利
没收财产
选举权和被选举权
言论、出版、集会、结社、游行、示威自由的权利
担任国家机关职务的权利
担任国有公司、企业、事业单位和人民团体领导职务的权利

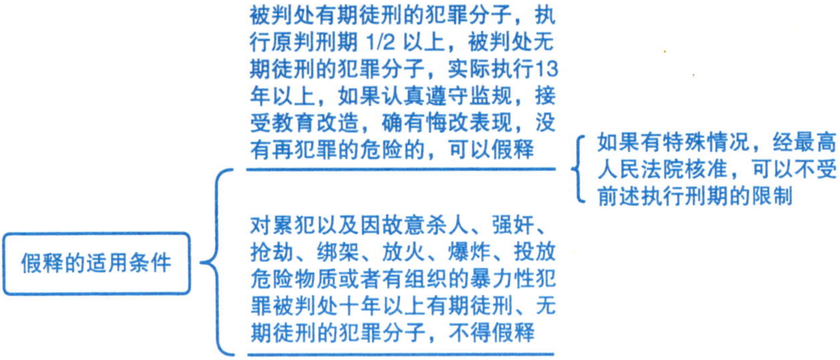
假释的适用条件
被判处有期徒刑的犯罪分子，执行原判刑期 1/2 以上，被判处无期徒刑的犯罪分子，实际执行13年以上，如果认真遵守监规，接受教育改造，确有悔改表现，没有再犯罪的危险的，可以假释
如果有特殊情况，经最高人民法院核准，可以不受前述执行刑期的限制
对累犯以及因故意杀人、强奸、抢劫、绑架、放火、爆炸、投放危险物质或者有组织的暴力性犯罪被判处十年以上有期徒刑、无期徒刑的犯罪分子，不得假释

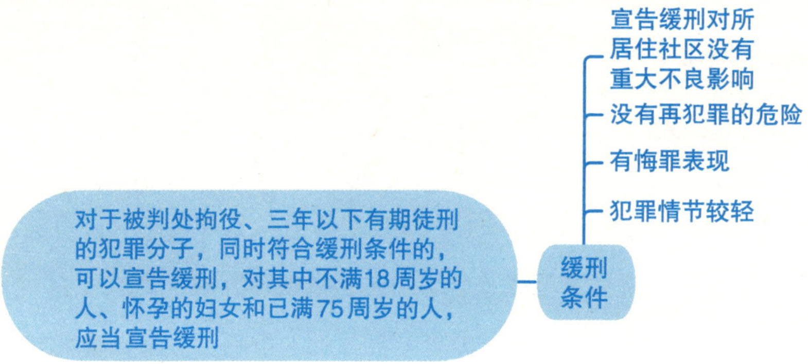
宣告缓刑对所居住社区没有重大不良影响
没有再犯罪的危险
有悔罪表现
犯罪情节较轻
缓刑条件
对于被判处拘役、三年以下有期徒刑的犯罪分子，同时符合缓刑条件的，可以宣告缓刑，对其中不满18周岁的人、怀孕的妇女和已满75周岁的人，应当宣告缓刑

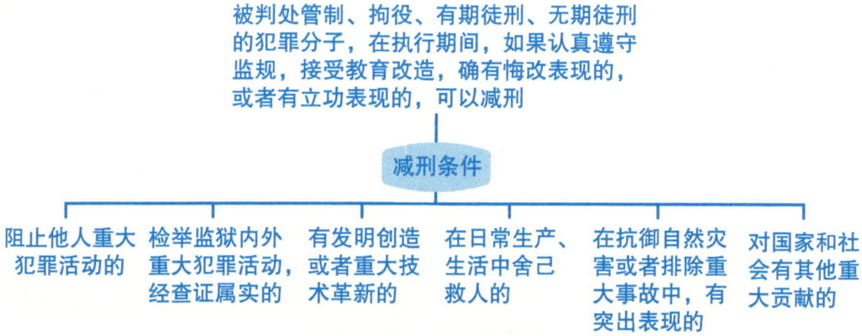
被判处管制、拘役、有期徒刑、无期徒刑的犯罪分子，在执行期间，如果认真遵守监规，接受教育改造，确有悔改表现的，或者有立功表现的，可以减刑
减刑条件
阻止他人重大犯罪活动的
检举监狱内外重大犯罪活动，经查证属实的
有发明创造或者重大技术革新的
在日常生产、生活中舍己救人的
在抗御自然灾害或者排除重大事故中，有突出表现的
对国家和社会有其他重大贡献的

74. 企业员工紧急避险造成损失怎么计算？

◆ 案例分析

方某在一个批发市场工作，主要负责看管仓库。某日，市场内一个工作人员无意中惹恼了当地人称“独眼龙”的一个黑社会小头目。“独眼龙”带着一群人提着刀直闯批发市场，方某见他们随意抢东西，就立即关闭存有大量货物的仓库门，紧张之中方某将一个价值5000元的花瓶打碎。请问此损失应该由谁承担？

方某的行为属于紧急避险，我国《刑法》第二十一条第一款规定：“为了使国家、公共利益、本人或者他人的人身、财产和其他权利免受正在发生的危险，不得已采取的紧急避险行为，造成损害的，不负刑事责任。”方某眼看“独眼龙”带着一群人提着刀在批发市场内随意抢东西，他所看管的存有大量货物的仓库面临实际危险的威胁，为了避免损害的发生，方某关闭仓库门的行为属于紧急避险，他关闭仓库门时不小心打碎的花瓶属于紧急避险造成的损失，方某对此不负刑事责任，也不负民事责任。对于紧急避险所造成的损失，由引起险情的人承担，因此花瓶的损失应由“独眼龙”及其随行分子负责。

此外，紧急避险不能超过必要限度，如果超出必要限度造成不应有的损害的，行为人应当负刑事责任，但是应当减轻或者免除处罚。同时，紧急避险中关于避免本人危险的规定，不适用于职务上、业务上负有特定责任的人。本案中，如果方某是专门负责批发市场安全的工作人员，面对此危险则不能主张紧急避险。

◆ 法律条文

《中华人民共和国刑法》

第二十一条　为了使国家、公共利益、本人或者他人的人身、财产和其他权利免受正在发生的危险，不得已采取的紧急避险行为，造成损害的，不负刑事责任。

紧急避险超过必要限度造成不应有的损害的，应当负刑事责任，但是应当减轻或者免除处罚。

第一款中关于避免本人危险的规定，不适用于职务上、业务上负有特定责任的人。

深度解析

紧急避险是为了保护较大的合法权利，而不得已采取的侵犯另一种较小的合法权利的行为。采取紧急避险行为应当符合以下条件：(1) 避险的目的是使国家、公共利益、本人或者他人的人身、财产和其他权利免受危险。(2)“危险”正在发生，使上述合法权益受到威胁。对尚未发生的危险、已经结束的危险，以及假想的危险或者推测的危险，都不能采取紧急避险行为。(3) 紧急避险行为是为了使更多更大的合法权益免受正在发生的危险，而不得已采取的损害另一种合法权益的行为，因此，紧急避险所造成的损害必须小于避免的损害。

75. 不知提供的财会报告是虚假的而制作了错误的会计报表，构成犯罪吗?

◆ 案例分析

谢某大学毕业后到某公司任会计，工作十年后任公司总会计师，全面负责管理公司的资金往来。市场监督管理局和地方税务局对公司进行检查时发现，该公司的财会报告虚假，严重损害了股东的利益。经调查发现是会计胡某制作了两本会计报表，谢某不知提供的财会报告是虚假的。在这种情况下，谢某也犯罪吗?

本案中谢某作为公司总会计师，全面负责管理公司的资金往来。他应当对虚假的财务会计报告全面负责，并且作为总会计师他也应当知晓其中缘由，因此，谢某应当对此犯罪行为负责。

虚假的财务会计报告多以伪造、变造会计凭证、伪造会计账簿、变造会计账簿、编制虚假财务报告等方式制作。提供虚假的财务会计报告是指不按照国家统一会计制度规定，不以真实、合法的会计凭证、会计账簿为基础，擅自虚构有关数据、资料，编制财务会计报告的行为。虚假的财务会计报告不仅会损害股东的利益，还会损害社会其他人的利益。提供虚假的财务会计报告是我国《刑法》规定的犯罪行为之一。我国《刑法》规定，公司向股东和社会公众提供虚假的或者隐瞒重要事实的财务会计报告，严重损害股东或者其他人利益的，对其直接负责的主管人员和其他直接责任人员加以处罚。

◆ 法律条文

《中华人民共和国刑法》

第一百六十一条 依法负有信息披露义务的公司、企业向股东和社会公众提供虚假的或者隐瞒重要事实的财务会计报告，或者对依法应当披露的其他重要信息不按照规定披露，严重损害股东或者其他人利益，或者有其他严重情节的，对其直接负责的主管人员和其他直接责任人员，处五年以下有期徒刑或者拘役，并处或者单处罚金；情节特别严重的，处五年以上十年以下有期徒刑，并处罚金。

前款规定的公司、企业的控股股东、实际控制人实施或者组织、指使实施前款行为的，或者隐瞒相关事项导致前款规定的情形发生的，依照前款的规定处罚。

犯前款罪的控股股东、实际控制人是单位的，对单位判处罚金，并对其直接负责的主管人员和其他直接责任人员，依照第一款的规定处罚。

深度解析

实事求是地制作公司的财务会计报告，才能准确地记录和反映公司的经营情况，才能让股东了解自己出资或者投资所产生的经营效果，便于股东对公司的经营管理进行监督。如果公司的财务会计制度不健全，或者是一本糊涂账，不仅不能通过公司财务报告去发现公司在经营中存在的问题和不足，及时地采取改进措施，提高公司资金的使用效率，而且对股东不负责任，如果这种行为是故意的，就是对股东和公众的一种欺诈行为，依法应受到相应的惩罚。

76. 多次且少量盗窃公司财物的，构成盗窃罪吗？

◆ 案例分析

杨某是某钢厂的一名钳工。在钢厂工作的五年间，从钢厂偷偷带回家大量钢筋。后被厂里发现，厂里说杨某触犯了盗窃罪，要将其扭送派出所。杨某辩称自己只是小偷小摸，每次拿的钢筋就那么几根，还不构成犯罪。那么，杨某的说法对吗？

依据我国《刑法》第二百六十四条规定，盗窃公私财物，数额较大的，或者多次盗窃、入户盗窃、携带凶器盗窃、扒窃的，构成盗窃罪。即盗窃罪是指以非法占有为目的，盗窃公私财物，数额较大或者多次盗窃的行为。

在本案中，杨某多次盗窃厂里的钢筋，虽然每次的数目很小，但是时间长达五年，被盗回的钢筋数量也就很多了。因此，杨某在事实上已经由小偷小摸行为转变成了盗窃行为，依法构成盗窃罪。杨某的说法是不正确的。

◆ 法律条文

《中华人民共和国刑法》

第二百六十四条　盗窃公私财物，数额较大的，或者多次盗窃、入户盗窃、携带凶器盗窃、扒窃的，处三年以下有期徒刑、拘役或者管制，并处或者单处罚金；数额巨大或者有其他严重情节的，处三年以上十年以下有期徒刑，并处罚金；数额特别巨大或者有其他特别严重情节的，处十年以上有期徒刑或者无期徒刑，并处罚金或者没收财产。

深度解析

盗窃是指以非法占有为目的，秘密窃取公私财物的行为。构成盗窃罪必须具备以下条件：（1）行为人具有非法占有公私财物的目的。（2）行为人实施了秘密窃取的行为。秘密窃取是盗窃罪的重要特征，也是区别于其他侵犯财产罪的主要标志。如溜门撬锁、挖洞跳墙、潜入他人室内窃取财物、在公共场所掏兜割包等。（3）盗窃的公私财物数额较大或者多次盗窃的。应当指出的是，将“多次盗窃”增加规定为构成盗窃罪的重要条件，这主要是针对这类犯罪具有常习性，且犯罪分子具有一定的反侦查能力，一经抓获，往往只能认定现场查获的数额，而对其以往作案数额的交代难以查证的特点规定的。

77. 指使肇事司机逃逸，构成犯罪吗？

◆ 案例分析

胡某系某公司董事，一日司机王某开车载其上班，由于超速行驶，在路口拐弯处来不及刹车，将迎面走过来的一个人撞倒了。司机欲停车，胡某却勒令他继续加速行驶，逃离了事故现场，后该人因得不到救助而死亡。请问胡某指使司机逃逸的行为构成何罪？

胡某和王某共同构成了交通肇事罪。根据我国法律规定，违反交通运输法规发生交通事故导致人重伤、死亡或公私财产遭受重大损失的，应承担刑事责任。本案中一人死亡，且是王某超速行驶导致的，王某应负全部责任，构成交通肇事罪。而胡某在肇事后指使司机逃逸，此外，根据规定，单位主管人员、机动车辆所有人、承包人或者乘车人指使肇事人逃逸，致使被害人因得不到救助而死亡的，以交通肇事罪的共犯论处，因此胡某构成交通肇事罪的共犯。根据我国法律规定，因逃逸致人死亡的，是法定加重情节，对逃逸人要加重处罚。

◆ 法律条文

《中华人民共和国刑法》

第一百三十三条　违反交通运输管理法规，因而发生重大事故，致人重伤、死亡或者使公私财产遭受重大损失的，处三年以下有期徒刑或者拘役；交通运输肇事后逃逸或者有其他特别恶劣情节的，处三年以上七年以下有期徒刑；因逃逸致人死亡的，处七年以上有期徒刑。

《最高人民法院关于审理交通肇事刑事案件具体应用法律若干问题的解释》

第五条 “因逃逸致人死亡”，是指行为人在交通肇事后为逃避法律追究而逃跑，致使被害人因得不到救助而死亡的情形。

交通肇事后，单位主管人员、机动车辆所有人、承包人或者乘车人指使肇事人逃逸，致使被害人因得不到救助而死亡的，以交通肇事罪的共犯论处。

深度解析

违反交通运输管理法规是导致重大交通事故的原因，也是构成交通肇事罪的前提条件。“因逃逸致人死亡”，是指行为人在交通肇事后为逃避法律追究而逃跑，致使被害人因得不到救助而死亡的情形。如果被害人当场死亡，其逃逸与死亡无因果关系，不能适用此规定。此外，根据最高人民法院的有关司法解释，交通肇事后，单位主管人员、机动车辆所有人、承包人或者乘车人指使肇事人逃逸，致使被害人因得不到救助而死亡的，以交通肇事罪的共犯论处。

78. 暴力抗税的行为是否构成犯罪?

◆ 案例分析

税务机关屡次催告李某缴纳税款，可是李某均置之不理。后税务人员亲自上门收取税款，李某非但不缴，反而自恃强壮威胁税务人员，并将税务人员打成轻微伤。那么，李某的行为构成犯罪吗?

依法纳税是每个纳税人的义务，但生活中偷税、漏税甚至抗税的行为却屡见不鲜。在上述案例中，李某触犯了《刑法》的规定，构成了抗税罪。我国《刑法》第二百零二条对此有明确的规定："以暴力、威胁方法拒不缴纳税款的，处三年以下有期徒刑或者拘役，并处拒缴税款一倍以上五倍以下罚金；情节严重的，处三年以上七年以下有期徒刑，并处拒缴税款一倍以上五倍以下罚金。"根据《刑法》的规定，抗税罪是指行为人拒不缴纳税款，并以暴力、威胁方法抗拒缴纳的行为。此外，单位不能构成本罪的犯罪主体，只有自然人才能构成抗税罪。需要注意的是，如果行为人暴力抗税，致人重伤或者死亡的，应以故意杀人罪或故意伤害罪论处。

◆ 法律条文

《中华人民共和国刑法》

第二百零二条　以暴力、威胁方法拒不缴纳税款的，处三年以下有期徒刑或者拘役，并处拒缴税款一倍以上五倍以下罚金；情节严重的，处三年以上七年以下有期徒刑，并处拒缴税款一倍以上五倍以下罚金。

深度解析

抗税罪，是指负有缴纳税款义务的纳税义务人，以暴力、威胁方法拒不缴纳税款的犯罪。在司法实践中，只要行为人实施了以暴力、威胁方法抗拒纳税的行为，就构成犯罪。但这不意味着对所有的抗税行为不分具体情节，一律定罪处罚，同样也存在区分罪与非罪的界限问题。据此，两者的界限主要在于情节是否轻微。情节可从以下两方面考虑：一是暴力程度、后果及威胁的内容。如只是一般的争执、推吵，或只是一般的威胁、情节较轻的，不按犯罪处理较妥。二是抗拒的税款数额，如数额较小，也不宜以抗税罪论处。

第十二章
劳动争议解决法律知识

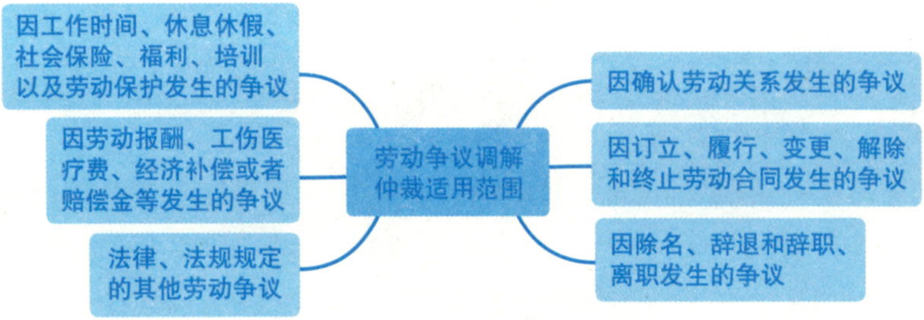
劳动争议调解仲裁适用范围
因工作时间、休息休假、社会保险、福利、培训以及劳动保护发生的争议
因劳动报酬、工伤医疗费、经济补偿或者赔偿金等发生的争议
法律、法规规定的其他劳动争议
因确认劳动关系发生的争议
因订立、履行、变更、解除和终止劳动合同发生的争议
因除名、辞退和辞职、离职发生的争议

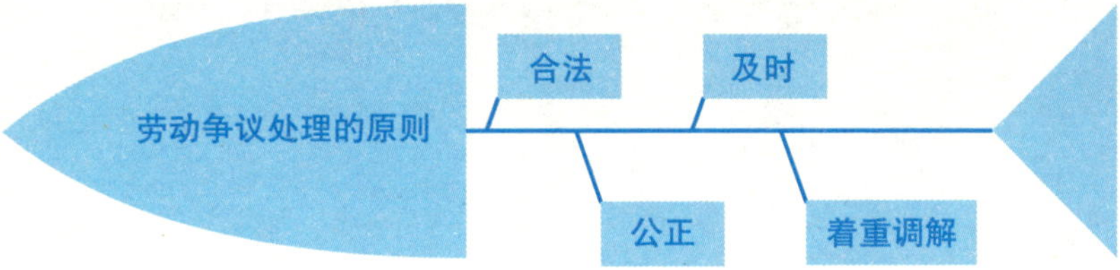
劳动争议处理的原则
合法
及时
公正
着重调解

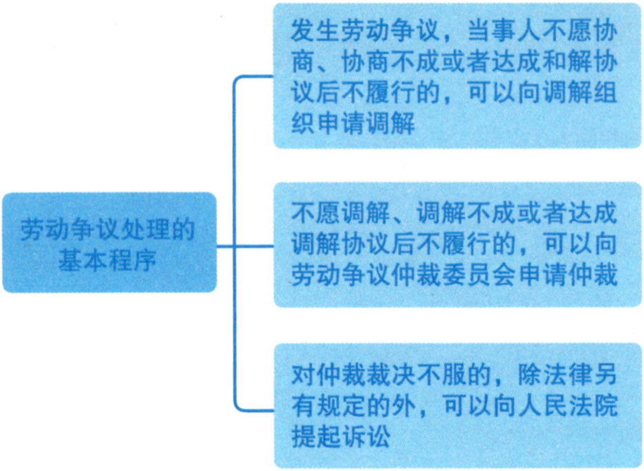
劳动争议处理的基本程序
发生劳动争议，当事人不愿协商、协商不成或者达成和解协议后不履行的，可以向调解组织申请调解
不愿调解、调解不成或者达成调解协议后不履行的，可以向劳动争议仲裁委员会申请仲裁
对仲裁裁决不服的，除法律另有规定的外，可以向人民法院提起诉讼

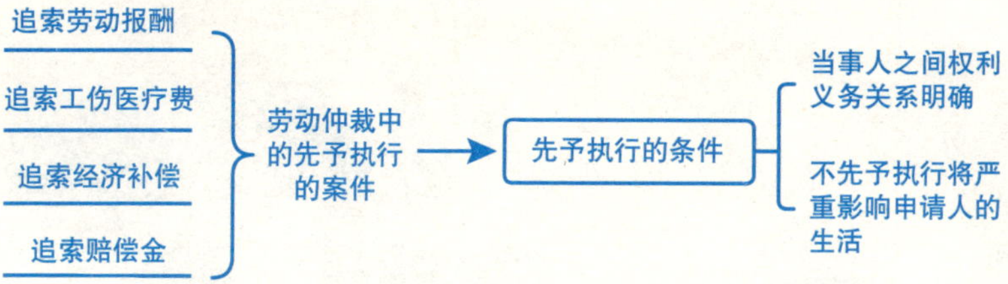
追索劳动报酬
追索工伤医疗费
追索经济补偿
追索赔偿金
劳动仲裁中的先予执行的案件
先予执行的条件
当事人之间权利义务关系明确
不先予执行将严重影响申请人的生活

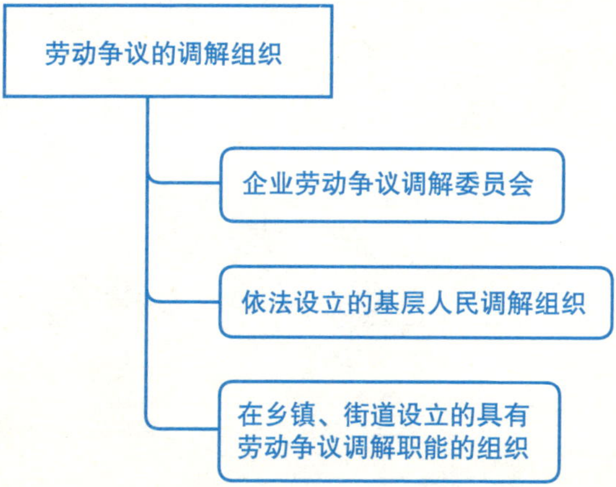
劳动争议的调解组织
企业劳动争议调解委员会
依法设立的基层人民调解组织
在乡镇、街道设立的具有劳动争议调解职能的组织

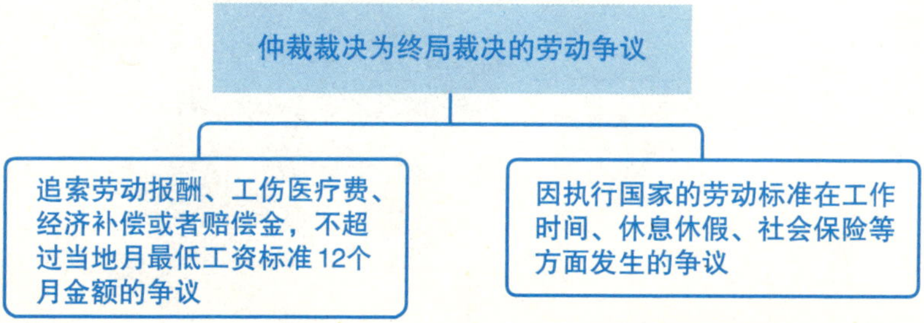
仲裁裁决为终局裁决的劳动争议
追索劳动报酬、工伤医疗费、经济补偿或者赔偿金，不超过当地月最低工资标准12个月金额的争议
因执行国家的劳动标准在工作时间、休息休假、社会保险等方面发生的争议

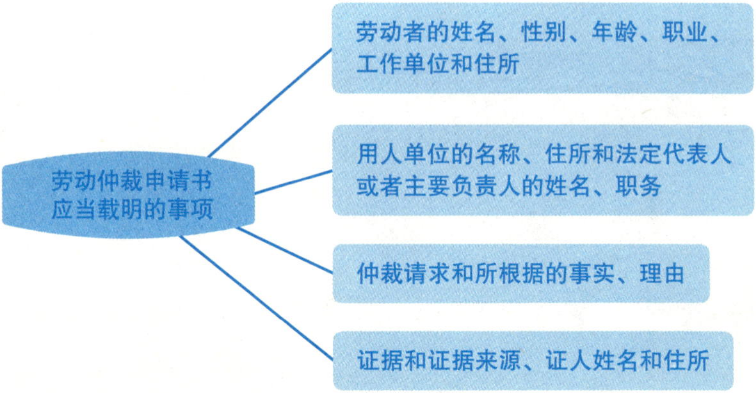
劳动仲裁申请书应当载明的事项
劳动者的姓名、性别、年龄、职业、工作单位和住所
用人单位的名称、住所和法定代表人或者主要负责人的姓名、职务
仲裁请求和所根据的事实、理由
证据和证据来源、证人姓名和住所

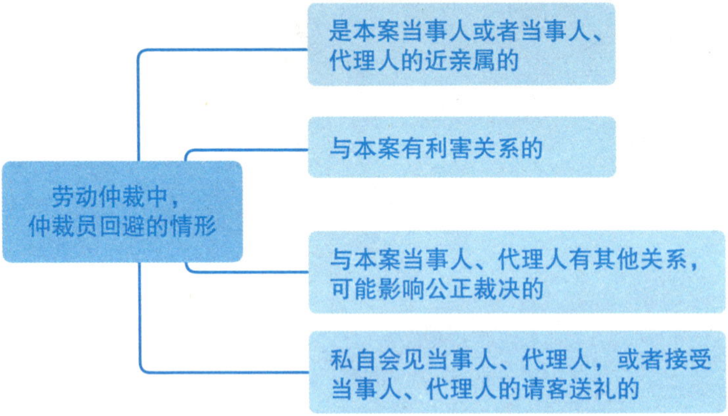
劳动仲裁中，仲裁员回避的情形
是本案当事人或者当事人、代理人的近亲属的
与本案有利害关系的
与本案当事人、代理人有其他关系，可能影响公正裁决的
私自会见当事人、代理人，或者接受当事人、代理人的请客送礼的

79. 员工因休产假被辞退，应该如何维护自己的权利？

◆ 案例分析

刘某是某酒店大堂经理，其怀孕后就向某酒店请假。但是酒店方面以刘某不能胜任工作为由辞退了刘某。刘某认为自己已经在这里工作了三年，这样做对自己太不公平。这种情况下，刘某应该怎么办呢？

依据《劳动合同法》第四十二条的规定，刘某在孕期之中，酒店是不能以刘某不能胜任工作为由解除合同的。同时，《劳动合同法》第八十七条规定，用人单位违反本法规定解除或者终止劳动合同的，应当依照本法第四十七条规定的经济补偿标准的二倍向劳动者支付赔偿金。本案中，刘某已经工作了三年，用人单位违法解除合同，那么，依法应向刘某支付六个月的工资标准的经济补偿金。

◆ 法律条文

《中华人民共和国劳动合同法》

第四十二条 劳动者有下列情形之一的，用人单位不得依照本法第四十条、第四十一条的规定解除劳动合同：

……

（四）女职工在孕期、产期、哺乳期的；

……

第四十七条 经济补偿按劳动者在本单位工作的年限，每满一年支付一个月工资的标准向劳动者支付。六个月以上不满一年的，按一年计算；不满六个月的，向劳动者支付半个月工资的经济补偿。

劳动者月工资高于用人单位所在直辖市、设区的市级人民政府公布的本地区上年度职工月平均工资三倍的，向其支付经济补偿的标准按职工月平均工资三倍的数额支付，向其支付经济补偿的年限最高不超过十二年。

本条所称月工资是指劳动者在劳动合同解除或者终止前十二个月的平均工资。

第八十七条 用人单位违反本法规定解除或者终止劳动合同的，应当依照本法第四十七条规定的经济补偿标准的二倍向劳动者支付赔偿金。

深度解析

用人单位不得解除劳动合同的情形主要包括：(1) 从事接触职业病危害作业的劳动者未进行离岗前职业健康检查，或者疑似职业病病人在诊断或者医学观察期间的；(2) 在本单位患职业病或者因工负伤并被确认丧失或者部分丧失劳动能力的；(3) 患病或者非因工负伤，在规定的医疗期内的；(4) 女职工在孕期、产期、哺乳期的；(5) 在本单位连续工作满15年，且距法定退休年龄不足5年的；(6) 法律、行政法规规定的其他情形。当用人单位违法解除劳动合同时，应当依法按照经济补偿的标准向劳动者支付赔偿金。

80. 劳动者在施工时受伤应该找谁赔偿?

◆ 案例分析

某培训机构承租四层写字楼想要扩建规模。因为需要装修，所以将工程发包给了具有装修资质的钱某。钱某从村子里的小工中找了30个人进行装修。钱某还与工人约定，如果发生意外，损失由工人自己负担。在装修过程中，一名工人余某不慎从脚手架上摔下来，摔断了左脚。那么，余某应该向谁请求赔偿呢?

根据我国《劳动合同法》第二十六条的规定，用人单位免除自己的法定责任、排除劳动者权利的劳动合同条款无效。因而，钱某与该30名工人在合同中约定“工人如果发生意外，由工人自己承担责任”的条款无效，因为该规定免除了钱某的责任，排除了工人的权利。但该条款无效并不影响合同其他部分的效力，其他部分仍然有效。对于钱某违法招用余某等工人并造成余某损害的发生，依据《劳动合同法》第九十四条的规定“个人承包经营违反本法规定招用劳动者，给劳动者造成损害的，发包的组织与个人承包经营者承担连带赔偿责任”。因此，应当由钱某与某培训机构承担连带赔偿责任。

◆ 法律条文

《中华人民共和国劳动合同法》

第二十六条　下列劳动合同无效或者部分无效：

……

（二）用人单位免除自己的法定责任、排除劳动者权利的；

……

第九十四条　个人承包经营违反本法规定招用劳动者，给劳动者造成损害的，发包的组织与个人承包经营者承担连带赔偿责任。

深度解析

对于个人承包经营的，发包方应当对个人承包方依法做到必要的审查监督，确保个人承包方在法律的框架内招用劳动者。因个人承包方违反劳动法律法规给劳动者造成损失的，发包方应当与个人承包方承担连带赔偿责任。这样的规定有利于约束发包方履行自己的监督义务，防止个人承包者违法损害劳动者的合法权益。

81. 劳动者与用人单位签订了以完成一定工作任务为期限的劳动合同，合同终止后，劳动者可以要求经济补偿吗？

◆ 案例分析

李某是一名装修设计师，因为某公司的临时需要，李某需要到某公司设计一座大楼的室内装潢。所以李某和某公司签订了一份以完成一定的工作任务为期限的劳动合同。在李某完成这项任务之后，双方的劳动合同也因此终止。请问李某可以向某公司要求经济补偿吗？

《劳动合同法实施条例》第二十二条规定："以完成一定工作任务为期限的劳动合同因任务完成而终止的，用人单位应当依照劳动合同法第四十七条的规定向劳动者支付经济补偿。"因此，李某完成工作任务后，终止与某公司的劳动合同，用人单位应当支付经济补偿。同时，《劳动合同法》第四十七条第一款规定："经济补偿按劳动者在本单位工作的年限，每满一年支付一个月工资的标准向劳动者支付。六个月以上不满一年的，按一年计算；不满六个月的，向劳动者支付半个月工资的经济补偿。"因此，李某可以根据自己工作的时间来确定可以获得的具体补偿金额。

◆ 法律条文

《中华人民共和国劳动合同法实施条例》

第二十二条　以完成一定工作任务为期限的劳动合同因任务完成而终止的，用人单位应当依照劳动合同法第四十七条的规定向劳动者支付经济补偿。

《中华人民共和国劳动合同法》

第四十七条第一款　经济补偿按劳动者在本单位工作的年限，每满一年支付一个月工资的标准向劳动者支付。六个月以上不满一年的，按一年计算；不满六个月的，向劳动者支付半个月工资的经济补偿。

深度解析

从劳动合同制度的实践来看，以完成一定工作任务为期限的劳动合同一般适用以下几种情况：(1) 以完成单项工作任务为期限的劳动合同；(2) 以项目承包方式完成承包任务的劳动合同；(3) 因季节原因临时用工的劳动合同；(4) 其他双方约定的以完成一定工作任务为期限的劳动合同。工作任务就是此类劳动合同的期限，工作任务一完成，劳动合同即终止。因此，这种劳动合同实际上属于固定期限的劳动合同，只不过表现形式不同。因此，在劳动合同因任务完成而终止时，用人单位应当依法向劳动者支付经济补偿。

82. 用人单位支付的经济补偿中的“月工资”标准是什么？

◆ 案例分析

金某是一名软件工程师，被某软件开发公司以月薪 2 万元的标准聘用。双方签订了两年的劳动合同。两年的劳动合同即将届满时，公司因为资金周转不开，想辞退几名工程师。经过商议，公司决定终止与金某的劳动合同。金某想，既然公司想终止劳动合同，是不是应该依法给自己一定的经济赔偿金呢？经济补偿金中的“月工资”又应该以什么样的标准支付呢？

《劳动合同法》第四十七条第一款规定：“经济补偿按劳动者在本单位工作的年限，每满一年支付一个月工资的标准向劳动者支付。六个月以上不满一年的，按一年计算；不满六个月的，向劳动者支付半个月工资的经济补偿。”金某在该公司工作了两年，应当获得两个月工资的经济补偿。而每个月的工资标准应当按照《劳动合同法实施条例》第二十七条的规定计算，即“劳动合同法第四十七条规定的经济补偿的月工资按照劳动者应得工资计算，包括计时工资或者计件工资以及奖金、津贴和补贴等货币性收入。劳动者在劳动合同解除或者终止前 12 个月的平均工资低于当地最低工资标准的，按照当地最低工资标准计算。劳动者工作不满 12 个月的，按照实际工作的月数计算平均工资”。因此，金某应该获得 4 万元的经济补偿。

◆ 法律条文

《中华人民共和国劳动合同法》

第四十七条第一款　经济补偿按劳动者在本单位工作的年限，每满一年支付一个月工资的标准向劳动者支付。六个月以上不满一年的，按一年计算；不满六个月的，向劳动者支付半个月工资的经济补偿。

《中华人民共和国劳动合同法实施条例》

第二十七条　劳动合同法第四十七条规定的经济补偿的月工资按照劳动者应得工资计算，包括计时工资或者计件工资以及奖金、津贴和补贴等货币性收入。劳动者在劳动合同解除或者终止前12个月的平均工资低于当地最低工资标准的，按照当地最低工资标准计算。劳动者工作不满12个月的，按照实际工作的月数计算平均工资。

深度解析

用人单位与劳动者解除或者终止劳动合同，依法应当支付劳动者经济补偿。对经济补偿的计发标准按照以下方式确定：1. 经济补偿月工资按劳动者应得工资计算。一般包括：（1）计时工资；（2）计件工资（包括计件超额工资）；（3）奖金；（4）津贴和补贴；（5）加班加点工资；（6）其他工资。2. 劳动者工作不满12个月的，按实际工作的月数计算平均工资。

83. 劳动者不按照生效的仲裁裁决执行，公司有权强制执行吗？

◆ 案例分析

董某在一家造纸厂上班，因为掌握着造纸的核心技术，所以造纸厂每月给董某 1 万元的工资。正是因为有了技术上的便利，董某的朋友也打算和董某一起开一家造纸厂。董某也想多挣些钱，于是两人就设立了一家造纸厂。因为董某的技术精湛，再加上朋友善于管理，两年的时间，两人成立的造纸厂就垄断了县城的卫生纸买卖。后董某所在的公司知道实情后，就经济赔偿问题提起了劳动争议仲裁。仲裁委员会依法裁定董某赔偿该公司 30 万元人民币。可是，裁决生效后，董某却拒不执行裁决内容，那么公司有权强制执行吗？

强制执行是指法院按照法定程序，运用国家强制力量，根据执行文书的规定，强制民事义务人完成其所承担的义务，以保证权利人的权利得以实现。所以强制执行都是由人民法院执行，劳动仲裁裁决也不例外，应当由人民法院强制执行。强制执行必须有合法的执行文书，包括发生法律效力的民事判决书、裁定书以及依法应由法院执行的其他法律文书。义务人应主动、合法地履行生效法律文书，如拒不履行，权利人可申请法院强制执行。提出申请的权利人称申请人，被指名履行义务的人称被申请人，又称被执行人。在董某与其所在公司的争议中，生效的劳动仲裁裁决是强制执行的法律文书，该公司是执行申请人，董某是被执行人。董某所在公司不是强制执行机关，不能自行强制执行，只能申请当地人民法院强制执行。

◆ 法律条文

《中华人民共和国劳动法》

第八十三条　劳动争议当事人对仲裁裁决不服的，可以自收到仲裁裁决书之日起十五日内向人民法院提起诉讼。一方当事人在法定期限内不起诉又不履行仲裁裁决的，另一方当事人可以申请人民法院强制执行。

《中华人民共和国劳动争议调解仲裁法》

第五十一条　当事人对发生法律效力的调解书、裁决书，应当依照规定的期限履行。一方当事人逾期不履行的，另一方当事人可以依照民事诉讼法的有关规定向人民法院申请执行。受理申请的人民法院应当依法执行。

深度解析

发生法律效力的调解书、裁决书都代表了国家法律作出的合法裁决，当事人应当按照规定的期限履行。如果一方当事人逾期不履行的，另一方当事人可以向人民法院申请强制执行。人民法院的强制执行，不仅是保障当事人权益的一种表现，更是国家法律尊严和威慑力的体现。

84. 要求补发工资提起仲裁的诉讼时效是多久？

◆ 案例分析

李某大学毕业后到了一家电子公司工作，双方签订了两年的劳动合同。合同约定李某每月工资为1500元，奖金按照每月业绩发。在工作期间内，李某因为业绩突出，公司将李某的工资上调到每月2000元，但是发工资的时候只发1500元，剩下500元以办理购物卡的方式给李某。两年的合同期满后，李某因为结婚怀孕辞职在家，但是李某的工资没有结清，每月500元的购物卡只给过李某6次。一年以后，李某想重新工作时，发现自己之前的工资没有结清，但是公司不承认。于是，李某想提起仲裁。请问提起仲裁的时效过了吗？

我国《劳动争议调解仲裁法》第二十七条规定，劳动争议申请仲裁的时效期间为一年。劳动关系存续期间因拖欠劳动报酬发生争议的，劳动者申请仲裁不受本条第一款规定的仲裁时效期间的限制；但是，劳动关系终止的，应当自劳动关系终止之日起一年内提出。李某离职一年多后才提起公司补发工资的事，已经过了仲裁时效，其仲裁申请依法不会得到受理。

◆ 法律条文

《中华人民共和国劳动争议调解仲裁法》

第二十七条 劳动争议申请仲裁的时效期间为一年。仲裁时效期间从当事人知道或者应当知道其权利被侵害之日起计算。

前款规定的仲裁时效，因当事人一方向对方当事人主张权利，或者向有关部门请求权利救济，或者对方当事人同意履行义务而中断。从中断时起，仲裁时效期间重新计算。

因不可抗力或者有其他正当理由，当事人不能在本条第一款规定的仲裁时效期间申请仲裁的，仲裁时效中止。从中止时效的原因消除之日起，仲裁时效期间继续计算。

劳动关系存续期间因拖欠劳动报酬发生争议的，劳动者申请仲裁不受本条第一款规定的仲裁时效期间的限制；但是，劳动关系终止的，应当自劳动关系终止之日起一年内提出。

深度解析

劳动争议申请仲裁的时效是指劳动争议当事人在劳动争议发生后有权向劳动争议仲裁委员会申请仲裁的期限和时间的计算。在劳动争议案件发生后，当事人在一年之内有权向劳动争议仲裁委员会提出要求仲裁的申请，如果超过一年，当事人就因超过时效而失去了这一权利，不能再就该劳动争议事项向劳动争议仲裁委员会提出申请。劳动争议申请仲裁的时效因法定事项的出现而中断。从中断时起，仲裁时效期间重新计算。

85. 工伤仲裁期间，可以申请先予执行吗？

◆ 案例分析

林某是某县化肥厂的工人。2019 年年底，因为工作量加大，再加上机器的磨损和老化，发生了液体泄漏事件，造成林某吸入性损伤（中度），经某市劳动能力鉴定委员会鉴定，伤残等级为三级，且仍需后续治疗。在仲裁期间，由于双方一直无法达成一致意见，林某在花费了 15 万元医药费后，因为经济困难已经无力再支付剩余的 5 万元医药费，现在家休养。仲裁庭了解情况后裁定先予执行。后林某向人民法院申请执行。请问因为争议还在仲裁中，林某可以向人民法院申请先予执行吗？

先予执行，是指人民法院在终局裁决、判决之前，为解决权利人生活或生产经营的迫切需要，依法裁定义务人预先履行义务的制度。我国《劳动争议调解仲裁法》第四十四条规定，仲裁庭对追索劳动报酬、工伤医疗费、经济补偿或者赔偿金的案件，在当事人之间权利义务关系明确，不先予执行将严重影响申请人的生活时，根据当事人的申请，可以裁决先予执行，移送人民法院执行。本案中，林某因工作量及机器原因发生伤害，属于典型的工伤事故，以此提起劳动争议仲裁，在仲裁中，因其家庭生活困难、无力支付医药费而申请先予执行，完全符合法律规定，仲裁庭裁定先予执行的做法是正确的。

◆ 法律条文

《中华人民共和国劳动争议调解仲裁法》

第四十四条　仲裁庭对追索劳动报酬、工伤医疗费、经济补偿或者赔偿金的案件，根据当事人的申请，可以裁决先予执行，移送人民法院执行。

（一）当事人之间权利义务关系明确；

（二）不先予执行将严重影响申请人的生活。

劳动者申请先予执行的，可以不提供担保。

深度解析

裁决先予执行的劳动争议案件有：追索劳动报酬的案件、追索工伤医疗费的案件、追索经济补偿的案件、追索法定赔偿金的案件。当事人申请先予执行应当符合两个条件：（1）当事人之间权利义务关系明确；（2）不先予执行将严重影响申请人的生活。如果当事人的生活没有发生困难，不先予执行有关费用也不会影响当事人的生活，则当事人就不应当申请先予执行，仲裁庭也可以不作出先予执行的裁决。

图书在版编目（CIP）数据

职工法律知识学习手册：实用导图版／八五普法图书中心著. —北京：中国法制出版社，2021. 10
ISBN 978 -7 -5216 -2065 -8

Ⅰ. ①职… Ⅱ. ①八… Ⅲ. ①法律 - 基本知识 - 中国 Ⅳ. ①D920. 4

中国版本图书馆 CIP 数据核字（2021）第 143447 号

责任编辑：胡　艺　　　　封面设计：李　宁

职工法律知识学习手册：实用导图版
ZHIGONG FALÜ ZHISHI XUEXI SHOUCE：SHIYONG DAOTUBAN

著者/八五普法图书中心
经销/新华书店
印刷/三河市国英印务有限公司
开本/880 毫米×1230 毫米　32 开　　　　印张/ 8　字数/ 107 千
版次/2021 年 10 月第 1 版　　　　2021 年 10 月第 1 次印刷

中国法制出版社出版
书号 ISBN 978 -7 -5216 -2065 -8　　　　定价：39. 80 元

北京市西城区西便门西里甲 16 号西便门办公区
邮政编码：100053　　　　传真：010 -63141852
网址：http：//www. zgfzs. com　　　　**编辑部电话：010 -63141839**
市场营销部电话：010 -63141612　　　　**印务部电话：010 -63141606**

（如有印装质量问题，请与本社印务部联系。）